노자老子

道德經

학문을 하는 일은 날마다 더하는 일이고
도를 수행하는 일은 날마다 덜어내는 일이다

이종선 주해

신아사

■ 서 언

도는 노자철학의 핵심개념이다. 그리하여《노자》를《도덕경》이라고도 부른다. 도가 우리에게 익숙한 말이지만 정작 도에 관하여 묻는다면 답을 할 수 있는 사람이 많지 않다. 더구나 노자의 도를 설명할 수 있는 사람은 소수에 불과할 것이다. 그러나 우리의 생각과 언어 속에는 노자의 흔적이 많이 남아 있다, "마음을 비워라" "처음으로 돌아가라" "대기만성" "허허실실" 등 많은 말이나 어법이《노자》에서 나온 것임을 알 수 있다. 이렇듯 노자가 우리에게 갖고 있는 중요성에 비해 정작 우리가 노자에 관해 알고 있는 것은 거의 없다. 그럼에도 불구하고《노자》의 가르침은 우리의 심층 깊숙이 자리 잡고 선조들의 경험과 지혜로 농축되어 이천오백 년이 지난 오늘에 이르기까지 우리에게 이어져 내려오고 있다.

노자가 위대한 철학자이지만 노자가 우리에게 갖는 의미의 중요성은 비단 노자가 갖고 있는 철학적인 가치 뿐만은 아니다. 무엇보다 중요한 것은 노자가 공자와 함께 갖고 있는 문화사적 의미의 중대성이다. 노자와 공자의 문화사적인 공헌이 그대로 우리의 고대문화이며 정신문화의 근본이기 때문이다. 어느 민족이든 근본을 바로 인식할 때 과거와 현재가 바르게 연결되고 그 방향을 따라 미래를 볼 수 있는 것이 아니겠는가? 이 책을 통하여 노자를 살피려는 까닭이 여기에 있다.

그리하여 본서에서는《노자》의 본문 해석에 앞서 노자와 공자간의 관계를 소개하고 노자 출생의 연혁과 당시의 시대적 상황을 서술함으로써 노자에 대한 이해를 돕도록 하였다. 본문의 해석에 있어서도 자의적인 해석을 금하고 《노자》를 해석했던 옛 성현들의 해석 내용에 충실하도록 노력하였다. 서점 어느 곳을 가더라도 《노자》를 쉽게 만날 수 있겠으나 굳이 《노자》의 해석본을 발간하는 것은 끊임없이 이어져 갈 우리 문화의 돌탑 위에 새로운 돌 하나를 얹는다는 심정으로 선현들에 대한 시대적 본분을 다하기 위함이다. 노자를 바르게 이해하고 우리의 근본을 되돌아봄으로써 변함없이 자연의 진솔함을 지켜나간다면 노자의 도는 우리의 심령 속에서 영원히 보물로 간직될 것이다.

목 차

■ 《노자》 주해

상편《도경》

하편《덕경》

노자
도덕경

학문을 하는 일은 날마다 더하는 일이고 도를
수행하는 일은 날마다 덜어내는 일이다

■ 총 서

1. 노자의 연혁과 시대적 배경

《노자》는 《도덕경》이라고도 불리는 중국 제일의 경전이다. 노자는 중국 최초의 철학자이며 동양문화의 창시자이다. 그는 상고시대부터 중원을 지배해 왔던 주나라의 사관으로 일하면서 주나라의 쇠락 과정을 직접 경험하였다. 당시 전개되었던 인류 초유의 대변혁을 겪으면서 물질문명의 확대에 대한 부정적 인식을 갖게 되었으며 이러한 경험은 노자의 사회 비판적인 사상에 영향을 주게 된다.

노자는 당대 최고의 석학으로서 연하인 공자와 교류하며 공자에게 많은 가르침을 준 것으로 전해진다. 이 두 성현의 만남은 동양문화사에서 의미 있는 중요한 사건으로 중국 고대문화의 신기원을 이루고 이 두 성현의 학문이 동양문화의 양대 축으로 발전하는 계기가 되었다. 공자의 유가 학문은 국가제도의 근간을 이루며 많은 기록과 문헌을 남겼으나 노자에 대한 기록은 전해지는 것이 많지 않다. 현실 참여에 부정적이었던 노자의 사상적 특성에 따른 결과일 것이다. 노자의 출생과 사망의 연도는 전해지지 않았지만 공자와의 만남을 기록한 문헌들을 통하여 그 시기를 추정하고 있다.

1) 노자의 연혁

노자의 생애에 대한 기록은 사마천이 저술한 《사기·노자 한비 열전》의 기록이 가장 오래된 것이다. 《사기》의 기록이 충분치 않으나 전해지는 다른 기록이 거의 없는 실정이므로 《사기》의 기록을 중심으로 노자의 연혁을 서술하는 것이 일반적이다. 노자의 출생 연도는 공자와의 면담을 참조하여 노자가 공자보다 20년 정도 연배인 것으로 짐작하고 있다. 따라서 노자의 출생연도는 공자의 출생연도인 기원전 551년보다 20년 전인 기원전 571년으로 추정된다. 노자는 초나라(楚國)의 고현(苦縣) 려향(厲鄕) 곡인리(曲仁里) 사람이다. 성은 이씨(李氏)이고 이름은 이(耳)이며 자는 담(聃)이다. 노자가 활동했던 시기는 제후들 간의 전쟁이 끊이지 않았던 춘추 말년의 시기였다. 주(周)나라의 사료를 보관하는 사관의 일을 하면서 주왕실의 쇠퇴기를 직접 경험하였다. 기원전 516년 주 왕실에서 일어난 왕자의 왕위 쟁탈 실패 사건 이후 혼란이 극심해지자 주나라를 떠나 고향으로 내려가 은둔하며 지냈다. 그 후 다시 서쪽의 진(秦)나라로 가서 일생을 마쳤다고 전해지지만 확실하지 않다. 진나라에서 마지막을 보냈다고 하는 곳은 대능(大陵)이라고 하고 노자능이라고도 불린다. 현재의 섬서성에 위치한다.

마지막으로 속세를 떠날 때 만난 영윤(令尹)직책의 대부 희(喜)가 노자에게 마지막으로 책을 써주기를 청하였다. 노자가 그 뜻을 받아들여 오천여 글자로 저술한 책이 오늘 날 우리가 알고 있는 《노자》 또는 《도덕경》이다. 희는 주나라 소왕(昭王) 때 함곡관(函谷關)의 영윤 직책을 갖고 있던 경대부로서 천문에 밝고 예언을 잘했던 사람으로 알려져 있다. 이후 우리에게 전해지는 《노자》의 본문은 여러 가지가 있지만 그 중 왕필본(王弼本)과 하상공본(河上公本)이 저본(底本)으로 인정받고 있으며 그 외 엄존(嚴遵), 한비자(韓非子), 소자유(蘇子由), 여길보(呂吉甫), 이식재(李息齋) 등 수많은 석학들의 해석 작품들이 전해지고 있다.

노자는 공자와 동시대를 살았으며 공자가 여러 차례 노자를 찾아가 학문을 논하고 가르침을 받았던 것으로 전해진다. 공자 17세 때 노나라에 잠시 머물던 노자를 장례식에서 만나 당시 하늘에 나타났던 일식에 관하여 문의를 한 적이 있었다. 그것이 인연이 되어 그 후 여러 차례 노자를 찾아 갔던 것으로 알려져 있다. 당대 최고의 석학이었던 노자에 대한 공자의 존경은 각별했던 것으로 보인다. 공자 스스로 노자로부터 많은 영향을 받았음을 말하였고 그러한 사실이 문헌을 통하여 전해지고 있다. 공자가 제가 경숙(敬叔)에게 말하기를

> "노담이 식견이 넓은 것은 옛날이나 지금이나 변함없는 사실이다. 예약의 근원을 통달하고 도덕으로 살아가는 것을 잘 알고 있다. 나에게는 사부가 된다."라고 하였다.

또한《예기》에서 인용한 것을 보면

> "나는 모든 것을 노담으로부터 들었다."라고 하였다.

여기에서 노담이라 함은 노자를 가리키는 말로서 공자의 예가 많은 부분 노자와의 논의를 통하여 완성된 것임을 짐작하게 한다.

2) 노자의 시대적 상황

노자가 활동했던 시기는 역사적으로 사회 변화가 가장 다양하게 일어났던 춘추시대(기원전 841년~기원전 477년)의 후반기에 해당한다. 철기문명이 보편화하면서 철기의 무기 생산이 농기구 생산으로 확대되고 농업기술이 발전함에 따라 농업의 획기적인 증산이 가능하게 되었다. 인류 최초로 실현한 잉여생산물은 당시의 사회·정치·문화의 모든 것을 바꾸고 고대사회의 대변혁을 촉발하게 된다. 노동력이 재편되고 많은 농업인구가 군·관·상공업으로 이전하면서 사회의 분업화가 급속하게 진행되었다. 토지와 노동력이 부를 축적하는 주요 수단이 되면서 토지의 사유화와 노동력 확보를 위한 경쟁이 심화되고 전쟁이 끊이지 않게 되었다. 병력을 늘려서 인접한 제후국을 병합하고 토지와 자경농원을 확보하면 다시 병력을 늘리는 대국화의 과도적 형태가 지속되었다. 토지의 사유화로 신흥지주계층이 출현하고 제후의 영토가 넓어짐에 따라 다양한 제도와 조직이 필요하게 되었다. 급변하는 사회적 변화와 경쟁을 통한 폭발적인 사회 욕구의 증대는 다양한 사회적 가치를 생산하는 원동력이 되었다. 새로운 직업이 생기면서 사회가 다양해지고 자본의 축적은 다양한 정치·경제적 주체를 양산하였다. 사회적 혼란이 극도에 달했으나 당시의 대변혁은 오히려 새로운 문명의 발전으로 이어졌다. 많은 제후국들이 국가의 형태를 갖추면서 조세제도와 봉록제도를 시행하고 국가의 효율적인 통치를 위한 법과 제도를 정비하게 되었다. 이것이 관료정치와 전제군주 정치를 한층 더 조직화하고 체계화하는 계기가 되었다.

신흥귀족의 정치적 도전이 늘어나면서 천자의 권한은 급속히 약화

되기에 이른다. 천자는 제후를 관리하지 못하고 제후는 경대부를 관리하지 못하였다. 주나라를 중심으로 내려오던 봉건씨족사회의 질서가 붕괴되고 왕권은 쇠락하게 된다. 이러한 혼란기는 전국시대까지 계속되었다. 이 혼란기를 춘추전국시대(기원전 841년~기원전 231년)라고 한다. 노자는 이 시기에 활동하면서 사회의 많은 변화와 주 왕조의 쇠락 과정을 경험하였으며 이러한 경험은 노자의 사상에 많은 영향을 주게 된다. 노자의 출현은 신흥사림계층의 성립과도 관련이 있다. 많은 농민들이 땅을 잃고 토호들의 자경농민으로 전락한 가운데 일부 지식인들은 신흥세력의 정치적인 필요에 의하여 봉록을 받고 고용되어 그들 밑에서 일하게 된다. 이것이 사림의 출발이다. 그 후 사림은 점차 그들의 지위를 높여갔으며 시간이 지나면서 귀족들도 사림에 참여할 만큼 사림은 확실한 사회계층으로 부상하게 된다. 사림은 풍부한 지식과 정치적 경험을 바탕으로 사회의 모든 제도와 풍속을 주도해 나간다. 이들에 의하여 제도와 법령이 정비되고 예법과 의식이 시행됨으로써 사림은 문화 창출을 선도하는 사회의 주도적 계층의 하나로 자리 잡게 된다. 사림계층은 어느 곳에서도 제약을 받지 않고 자유로운 신분을 누리며 학문 활동을 할 수 있었다. 백가쟁명으로 문화의 황금기를 맞이할 수 있게 된 것에 있어서도 사림계층의 출현은 중요한 의미를 갖는다. 노자의 신분은 초기의 신흥사림에 속한다. 노자의 도가학파 사림은 후에 은둔의 형태로 국가정치의 비판적인 세력으로 존재하고 공자의 유가학파 사림은 적극적인 현실참여로 국가 관료의 중심에 서게 된다.

물질적인 영역이 권력자의 손에 독점되고 전통의 모든 가치관이 붕괴되던 시기에 노자의 철학이 정신적인 영역을 넓히고 학문적 기초를 제공함으로써 고대 문화의 황금기를 열어주었다고 할 수 있겠으나 역사적인 관점에서 본다면 인류 대변혁의 필연적인 결과로 볼 수도 있을 것이다. 역사적으로 인류는 철기문명의 진전으로 첫 번째 대혼란을 겪었고 철기에 동력을 부여한 산업혁명으로 두 번째의 혼란을 경험하였다. 고대에는 각 대륙에서 수백 년간 전쟁이 끊이지 않았고 산업혁명 후에는 두 차례의 세계대전으로 많은 사람이 생명을 잃었다. 세상은 다시 철기에 지능을 부여하는 새로운 변혁을 진행하고 있다. 인간이 소외되어가는 가운데 일어날 미래의 사회적 변화를 현대인들은 불안한 시각으로 바라보고 있다. 자연주의적 관점에서 인간의 본성 회복을 고민했던 노자의 철학은 앞으로도 우리와 진화를 같이하며 끊임없이 미래에 대한 해법과 지혜를 찾는 고민을 함께할 것이다.

3) 노자와 공자

공자가 노자를 처음 만난 것은 공자가 17세 되던 해에 노나라에서의 만남이었다. 기원전 535년의 일이다. 그 후 공자는 여러 차례 노자를 만나 학문적인 친분관계를 유지하였다. 따라서 노자와 공자의 학문은 후대에는 아주 상반된 형태로 발전하지만 당시에는 근본적인 관념에서 크게 다르지 않았을 것으로 생각된다. 다만 현실을 받아들이는 입장이 다르고 기존의 전통문화를 대하는 시각이 달랐을 것이다. 당시의 대변혁으로 인한 혼란을 겪으면서 노자는 문명 비판적인 시각을 가졌던 반면 공자는 당시의 전통적인 학문의 조류를 그대로 계승하였다. 적극적인 현실참여의 학문탐구형태를 보이던 공자로서는 현실비판적인 노자의 시각을 받아들이기 어려웠을 것으로 보인다.

사마천이 저술한《사기·노자한비열전》을 보면 두 사람간의 대화를 기록하여 전하고 있다. 그 기록을 보면 공자가 주나라에 가서 노자에게 예에 관하여 물었을 때 노자가 말하기를

"공자가 말하는 것을 들으면 공자의 기골은 썩어 없어지고 오직 말만 남아있다. 군자는 때를 만나면 쉽게 가지만 때를 만나지 못하면 역경에 처할 수도 있다. 내기 듣기에 큰 상인은 많은 상품을 저장해 놓고도 아무것도 없는 것처럼 보이고 덕을 많이 쌓은 군자는 외관으로 보기에는 어리석은 것처럼 보인다고 한다. 공자는 기골이 장대하고 의욕이 충만하여 풍기는 모습과 과다한 열정이 공자 자신에게는 득이 되지 않을 것 같다. 내가 말하고자 하는 것은 이것뿐이다."라고 하였다.

子所言者, 其人與骨皆已朽矣, 獨其言在耳。且君子得其時則駕, 不得其時蓬累而行。吾聞之, 良賈深藏若虛, 君子聖德容貌若愚。去子之驕氣與多欲, 態色與淫志, 是皆無益於子之身。吾所以告子, 若是而已。

이 말을 듣고 공자가 돌아가 제자들에게 말하기를

"새라면 그것이 날 수 있음을 알고 물고기라면 그것이 헤엄칠 수 있음을 알고 짐승이라면 그것이 뛰어다닐 수 있음을 안다. 뛰어다니는 것은 망으로 잡으면 되고 헤엄치는 것은 낚시로 잡으면 되고 날아다니는 것은 화살로 잡으면 된다. 그런데 용은 어떻게 구름을 타고 하늘에 오르는지 알 수가 없다. 내가 오늘 노자를 보니 그가 바로 용이더라."라고 하였다.

> 鳥, 吾知其能飛。魚, 吾知其能游。獸, 吾知其能走。走者可以為罔, 游者可以為綸, 飛者可以為矰。至於龍, 吾不能知其乘風雲而上天。吾今日見老子, 其猶龍邪。

두 사람의 대화를 보면 학문을 대하는 두 사람의 성향이 매우 다르다는 것을 알 수 있다. 또한 공자가 노자를 대하는 경외심과 공자의 적극적인 학문적인 열성도 짐작하게 한다. 이러한 성향을 갖고 있던 공자로서는 노자의 부정적인 예악관을 받아들이기 어려웠을 것이다. 두 성현의 현실을 대하는 시각의 차이는 후세에 전해지면서 그 차이를 더욱 확대하게 된다. 그 차이를 정리하면 다음과 같다.

첫째, 공자는 전통문화의 계승자이고 노자는 기존의 문화를 정면으로 부정한 최초의 비판적 사상가이다. 공자가 윤리 회복을 위한 덕치로써 요·순시대의 태평성대를 다시 구현할 수 있다는 주장으로 하·상·주나라 3대 문화의 전통을 계승하는 태도를 취한 반면 노자는 물질문명 위주로 진행되던 당시의 문명발전에 비판적인 태도를 취하였다. 그리하여 공자의 유가학문은 관치의 근거를 제공하는 치국의 학문으로 발전하고 노자의 도가학문은 민간의 의식 속에 자리 잡으며 현실사회를 비판하는 순수철학으로 자리 잡게 된다.

둘째, 공자와 노자는 인간의 본성에 대한 시각에서 많은 차이점을 보이고 있다. 공자는 예악의 교육을 통하여 본성을 선한 것으로 바꿀 수 있고 그럼으로써 도덕의 경지에 오를 수 있다고 하였다. 그러나 노자는 인위적인 모든 작위를 부정하고 무위로써 자연의 순수한 본성에 다다를 수 있다고 하였다. 공자는 사회를 보는 시각이 사람들의 관계를 중심으로 하고 노자는 우주만물의 일환으로 보는 자연주의적인 시각을 갖고 있다.

노자와 공자의 이러한 시각의 차이는 문명을 대하는 근본적 견해를 달리하고 사회적 갈등에 대한 해법 또한 차이를 갖게 하였다. 노자는 사회의 많은 제도와 법령이 문명의 병폐를 해결하기 위한 근본적인 해결방법이 되지 못하고 오히려 혼란을 가중시킬 뿐이라고 하였다. 중앙집권적 전제정치의 강화로 대국화를 꾀하고 제도와 법령을 정비하여 도덕규범을 강조하던 당시의 사회·정치·문화에 비판적 입장을 견지하였다. 이와는 반대로 공자는 적극적인 교화를 통하여 요·순시대의 태평성대를 되찾을 수 있다는 치국평천하를 주장하면서 국가통치이념의 근간을 이루는 모든 제도와 법령의 논리적 당위성을 제공하기에 이른다. 노자는 우리가 그릇을 사용할 수 있는 것은 그릇의 가운데가 비어 있기 때문이며 우리가 집에서 문으로 출입하고 창을 통해 밖을 볼 수 있는 것도 방의 가운데가 비어 있기 때문이라고 하였다. (11장) 무가 있어서 유를 사용할 수 있고 유가 있어서 무가 돋보이는 것이다. 노자와 공자와의 관계가 이와 같은 것이다. 서로가 서로를 돋보이게 하고 서로를 유용하게 하면서 상호보완적인 관계를 유지해왔다. 앞으로도 이 두 성현의 학문은 비록 철학적 범주는 달리하지만 서로가 서로를 보완하며 우리의 문화적 깊이를 더하고 다양성을 넓힘으로써 우리의 정신문화를 풍요롭게 할 것이다.

4) 노자를 읽는 방법

《노자》는 유가의 경전과는 다른 특성을 갖고 있다, 주석의 도움이 없이도 여러 차례 읽으면 스스로 그 본뜻에 진입할 수 있다. 많이 읽고 스스로 반복하여 생각해보면 전후 문구가 통하게 되고 전반적인 이해가 가능해진다. 중요한 문구들은 반복하여 읽는 것이 중요하다. 과거 중국의 교육 방식은 어렸을 때 뜻을 모르더라도 본문을 암송하도록 하였다. 먼저 본문을 외우도록 한 후 차츰 뜻을 깨우치며 성장 후 사회를 경험할 때 다시 떠올리도록 하였다. 그렇다면 《노자》를 어떻게 읽는 것이 가장 좋은 방법이겠는가? 책을 읽는 것에 일정한 정형이 있을 수 없겠으나 《노자》의 특성상 몇 가지를 고려하여 《노자》를 읽을 때 참고한다면 도움이 될 것으로 생각한다.

《노자》를 읽는 연령은 고대의 교육방식을 따르는 조기 암송의 방식이 아닐 경우 20세 이상의 성년이 되어서 읽는 것이 좋겠다는 생각이다. 어느 정도 인생에 대한 식견을 갖은 사람이 보다 깊게 노자의 생각을 전달받을 수 있을 것이다. 젊어서는 공자를 읽고 나이가 들어서는 노자를 읽기를 권한다. 노자가 말하기를

> "학문을 하는 일은 날마다 더하는 일이고 도를 수행하는 일은 날마다 덜어내는 일이다."라고 하였다. (48장)

노자의 가르침에서 깨달음을 얻는 것은 세속의 학업을 통하여 지식을 얻는 것과는 다른 일이라는 것을 의미하는 말이다. 어린 나이는 그 자체가 순수함이므로 덜어내거나 새로이 깨달을 것이 없을 것이다. 그러므로 《노자》를 읽는 것은 성인이 된 후에라도 늦지 않을 것으로 생각된다. 다만 일찍 읽어서 인생에 대한 진중한 마음가짐을 갖는 자기수양을 위한 것이라면 연령에 상관없이 언제 읽어도 무방할 것이다.

스스로 총명하다고 생각하는 사람일수록 《노자》를 읽어서 얻는 바가 많을 것이다. 총명하다고 생각하는 사람일수록 자신에 대한 확신

이 강하기 때문에 무와 유약의 세계를 열어주는 《노자》를 읽게 되면 노자의 유연함의 도로부터 많은 치유를 받을 수 있을 것이다. 총명하다고 생각하는 사람을 진정으로 총명해질 수 있도록 인도해줄 것이다. 또한 《노자》는 인생의 큰 굴레에서 일시적으로 만족을 이루지 못하고 정지 상태에 있는 사람에게 넓은 우주의 운행 속에서 자신을 되돌아 볼 수 있도록 기회를 줄 수 있다. 마음의 평화를 얻고 자신을 되찾는 일에 도움을 줄 수 있을 것이다. 그러나 무엇보다 중요한 것은 끊임없이 본받아 실천하고자 하는 노력이다. 부단한 노력으로 자신의 품성을 도에 가까워지도록 자신을 관리하는 일이다. 덕을 쌓는 예로 중국 고사 하나를 소개하고자 한다.

> 춘추시대에 송국(宋國)에 자한(子罕)이라는 관원이 있었다. 그는 인품과 덕이 고상하고 청렴하여 사람들로부터 존경을 받았다. 어느 날 사람이 찾아와 만나기를 청하였다. 그를 만나보니 그가 말하기를
> "소인이 특별히 대인에게 보물을 전달하기 위해 왔으니 제 성의를 받아주시길 바랍니다."라고 하고 옥을 보여주었다. 자한이 말하기를
> "이 옥은 이전에 돌려보낸 적이 있는데 어찌해서 다시 찾아왔습니까? 나는 받을 수 없습니다."라고 말하며 다시 사양하였다.
> 보물을 올린 사람은 자한이 물건의 가치를 알아보지 못하여 거절한 것으로 생각하여 다시 설명하였다. 자한이 웃으면서 말하기를
> "나는 탐하지 않는 청렴한 마음을 보물로 생각하며 살아왔고 당신은 그 옥을 당신의 보물로 생각하는데 내가 당신의 보물을 받게 되면 우리 두 사람 모두 자신의 보물을 잃게 되지 않겠는가?"라고 하였다.
> 보물을 올린 사람은 그 말을 듣고 감동하여 부끄러운 마음으로 돌아갔다고 한다.

이 고사는 청렴을 말하고자 하는 것이지만 그 과정을 살펴보면 자한은 자신이 청렴하다고 하여 다른 사람을 자신의 기준으로 함부로

재단하여 상대방에게 상처를 주는 일을 하지 않았다. 성인의 자애로움을 엿볼 수 있다. 자신이 옳다고 하여 상대를 꾸짖지 않고 웃으며 설득하여 돌려보내는 모습은 자애로움의 덕과 함께 성인의 지혜로움을 함께 볼 수 있는 귀감이 되는 덕행이다. 노자가 말하는 자애·검약·겸허의 세 가지 보물이 이러한 것이 아니겠는가? 노자의 가르침을 실행하는 좋은 예이다. 이러한 덕은 한 차례의 배움으로 얻을 수 있는 것이 아니다. 반복하여 자신을 수행하고 끊임없는 실천으로 자신을 관리할 때 얻을 수 있는 덕일 것이다. 노자의 도는 인도하지만 억지로 끌고 가지 않는다. 자발적인 실행이 노자에 가까이 가는 가장 빠른 방법이다.

2. 노자의 인생철학

노자가 생각하는 바람직한 인격은 도를 본받음으로써 자연과 닮은 품성을 갖는 것을 의미한다. 그러한 인격을 갖추기 위한 도의 생활태도를 《노자》의 내용에서 간추려 개괄해보면 양생과 수신 그리고 처세의 도로 정리할 수 있다.

1) 양생의 도(養生之道)

도가의 특징 중의 하나는 신체와 정신 간의 상관관계와 생명현상을 중요시한 점이다. "백에 혼을 실어 하나로 감싸면 혼백이 되어 떨어질 수 없다."라고 하여 생명이 태어나는 것을 혼백의 결합으로 표현하였다. (10장) 신체와 정신이 하나가 되어 생명체로 태어난다는 것으로서 백이 형체를 뜻하고 혼이 정신을 뜻한다. 백이 음이고 혼이 양이다. 춘추시대 사람들은 음양이 합일하여 사람이 성립한다고 생각하였다. 형신합일(形神合一)과 음양합일이 합해지는 개념이다. 상고시대로부터 내려오는 음양이론이 노자에 이르러 만물생성의 근본원리로 완성되었음을 알 수 있다. 만물생성의 근본을 밝히는 것은 노자철학의 매우 중요한 부분이다. 자신을 통하여 천하를 보고 만물의 생성원리로 우주의 운행을 밝히는 도의 자연주의적 관점이 노자철학의 핵심이기 때문이다. 사마천은 노자의 양생의 도를 설명하기를 도를 수양하여 장수를 누리는 것이라고 하였다. 사마천은 양생의 도를 노자의 중요한 부분으로 생각한 것 같다.

노자의 양생의 도는 신체와 정신의 결합으로 이루어지는 생명체에서 신체보다 정신을 더 중요시하여 관리하는 것을 말한다. 양생의 도는 먼저 정신의 수양을 중시하여 무위자연의 도의 경지로 가까이 가는 것이다. 신체의 수명을 연장시키고 궁극적으로 신체에서 벗어나 도와 함께 영생한다는 것이다. 그러한 성인의 삶으로 노자가 제시한 것이 섭생이다. 섭생은 다른 사람의 몸을 빌려서 사는 것을 말하지만 노자가 말하는 섭생은 자신의 신체를 마치 다른 사람의 신체인 것처럼 생각하는 것이다. 신체에 대한 애착에서 벗어나 자신의 정신을 도와 일치시킴으로써 도와 함께 영생하는 것이다. 노자는 이것을 현동(玄同)이라고 하였다. 도를 수행하면 형신합일에서 나아가 하늘의 도와 하나가 되는 현동에 이르게 된다는 것을 강조하였다. 신체보다 정신을 더 중요시 한 것이다. 그리하여 말하기를

> "주어진 수명을 사는 사람이 열에 셋이고 단명 하는 사람이 열에 셋이고 제 명을 살 수 있는 사람이 스스로 죽을 곳을 찾아 들어가는 사람이 열에 셋이다."라고 하였다. 또한 말하기를 "그러한 이유는 사람들의 삶에 대한 애착이 너무 두텁기 때문이다."라고 하였다. (50장)

오직 신체의 삶만 생각하고 도의 삶에는 관심이 없는 보통사람들의 삶을 지적하였다. 유에만 집착하는 삶을 살다보면 주어진 삶도 다 살지 못하게 된다는 것이다. 도를 본받는 양생의 도를 지켜야 정신이 건강해지고 정신이 건강해져야 몸도 건강해질 수 있다는 말이다.

양생의 도를 닦는 바른 태도는 욕심을 갖지 않는 담담한 마음을 갖는 일이다. 질박한 본성을 지키고 자연의 흐름에 자신을 맡겨서 고요한 마음의 상태를 유지하는 것을 말한다. 내적으로 도의 삶에 충실하면 자신으로부터 자유로워지는 진정한 양생의 도에 진입하지만 외적

인 물질이나 명리에 치중하면 정신이 자신의 제약으로부터 벗어나지 못하고 결국은 자신의 신체를 상하게 하여 주어진 생명도 보존하지 못하게 된다. 그리하여 노자가 말하기를

> "내가 큰 우환을 갖고 있는 것은 내가 나 자신을 버리지 못하고 붙잡고 있기 때문이다. 내가 나 자신을 버려서 없앨 수 있다면 나에게 무슨 우환이 있을 수 있겠는가?"라고 하였다. (13장)

자신을 버려서 자신으로부터 완전히 벗어날 수 있다면 비로소 진정한 양생의 도를 실현할 수 있다는 것이 노자의 철학이다.

노자의 양생의 도는 그 근본을 자연에 두고 있다. 양생의 지혜를 자연의 이치에서 본받고 양생을 통하여 도와 같이하는 것이다. 인간의 양생을 자연에서 찾고 도를 터득하여 생명력을 충실하게 하여 본성을 지키는 것이다. 도는 만물에 본성을 부여함으로써 만물과 접속한다. 따라서 만물은 죽더라도 도의 본성은 죽지 않고 도로 되돌아가고 다시 복명을 통하여 새로운 생명으로 태어난다. 그리하여 노자는 말하기를

> "도는 오로지 도의 순박한 본성을 만물에 빌려주고 또한 만물은 도의 본성을 부여받아 생성된다."라고 하였다. (41장)

결론적으로 양신은 형신합일로 태어난 인간이 사욕을 없애고 도를 얻어 형과 신 중에서 신을 지키고 양신에 귀결한다는 것이다. 몸은 죽어도 마음은 영원할 수 있다는 의미이다. 그리하여 말하기를

> "뿌리가 깊고 근본이 튼튼한 것이 죽지 않고 영생하는 도이다."라고 하였다. (59장)

2) 수신의 도(修身之道)

노자의 수신의 도는 도에 가까이 가기 위한 자기 수양을 의미한다. 도에 가까이 가기 위해서는 인위적인 기교와 가식을 멀리하고 자연 그대로의 순수한 본성을 지키는 것에 힘써야 한다. 자기수양의 방법으로 자연 상태의 소박함을 되찾고 갓난아기의 순수함으로 되돌아갈 것을 제안하였다.

첫 단계는 자연 그대로의 순박한 마음을 갖는 일이다. 세속의 유혹에서 벗어나 자연적인 도의 가치를 소중하게 생각하는 마음을 가져야 한다. 그리하여 말하기를

> "도를 체득한 선비가 갖는 돈독한 마음은 자연 그대로의 순박한 통나무와 같다."라고 하였다.(15장)

또한 말하기를

> "무위로 조화를 이루는 것을 방해하기 위하여 억지로 작위를 행하려 한다면 나는 장차 이름 없는 순박함으로 그 작위를 진정시키고 무위자연의 도를 지킬 것이다."라고 하였다. (37장)

자연 그대로의 순박함이 도의 모습이며 순수한 자연 상태에서 무위자연의 도를 지켜나가는 것이 중요하다는 말이다. 그러므로 도의 삶을 살기 위해서 가장 먼저 해야 할 일은 순수한 본성을 회복하는 일이다.

두 번째 단계는 갓난아기의 순수하고도 유약한 도의 시작단계로 되돌아가는 것이다. 노자가 말하기를

"생명의 원천인 천하의 계곡물이 되는 것은 상덕과 하나가 되어 갓난아기로 되돌아오는 것이다."라고 하였다. (28장)

도를 체득하여 상덕의 경지에 이르기 위해서는 만물이 태어날 때 받았던 순수하고도 유약한 본성으로 되돌아가야 한다는 말이다. 도와 가장 가까운 상태가 갓난아기의 상태라는 설명이다. 그리하여 말하기를

"도의 덕을 가장 두텁게 머금고 있는 상태를 갓난아기에 비유한다."라고 하였다. (55장)

세 번째 단계는 마음을 비우고 의지를 약하게 하여 평정심을 갖는 것이다. 그러기 위해서는 소사과욕(小私寡欲)과 지족지지(知足知止) 그리고 절교기지(絶巧棄智)할 것을 당부하였다. 소사과욕은 사욕을 줄인다는 말로서 자신을 비우기 위해 가장 먼저 가져야 할 마음가짐이다. 지족지지는 인간의 사욕을 완전히 없애는 일이 쉬운 것이 아니기 때문에 이를 극복하기 위해서는 일정한 성취에 대하여 만족할 줄 아는 지혜가 필요하고 어느 정도까지 이루고 나면 물러날 줄 알아야 한다는 것이다. 다 채우지 않음으로써 오래 존재할 수 있게 된다는 뜻이다. 절교기지는 세속의 기교와 지식을 단절하고 물질과 명리에 대한 유혹에서 벗어남으로써 본성을 지킬 수 있다는 것이다.

네 번째 단계는 수신의 도를 닦아 하늘의 도와 하나가 되는 것이다. 도의 경지에 이르는 것을 의미한다. 노자는 말하기를

"입을 막고 눈 · 귀를 닫아서 정과 욕망을 절제한다. 예리한 날을 꺾어 의지를 평이하게 하고 얽힌 매듭을 풀어 담백한 마음을 갖는다. 세속의

밝은 빛과 화합하고 세속의 먼지와도 섞여 누구와도 어울린다. 이것을 하늘의 도와 일체가 되었다고 하여 현동(玄同)이라고 한다."라고 하였다. (56장)

수신의 도를 통하여 도의 경지에 이르는 것을 하늘의 도와 하나가 된다고 하여 현동이라고 하였다. 현동에 이르러 하늘의 도와 하나가 되면 자신을 아는 것으로 다른 사람을 알고 자신의 집안을 보는 것으로 다른 집을 알고 천하를 알게 된다고 하였다. 그리하여 말하기를

"도를 알면 문 밖을 나가지 않아도 천하를 안다."라고 하였다. (47장)

3) 처세의 도(處世之道)

처세의 도라는 것은 사람 간의 관계에서 일어나는 성정의 움직임에 대한 일정한 대응의 방법을 말한다. 자신의 도덕적 성정이 사회적 이해관계와 부딪히면서 발생하는 상호작용으로서 수신의 도의 외적 발현이라고 말할 수 있다. 노자가 말하는 처세의 도는 다음 몇 가지의 유형으로 나누어 볼 수 있다.

첫째, 유약의 도이다. 노자의 처세의 도에서 바탕이 되는 것은 유약함을 지키는 것이다. 노자가 말하기를

"유약함을 지키는 것이 단단하고 강한 것을 이긴다."라고 하였다. (36장)

유약함이 강한 것을 이긴다는 것은 노자의 무위자연의 도와 통하는 것이다. 유연하고 연약한 것이 오래 지속되고 결국에는 강한 것을 이

긴다는 것이다. 또한 말하기를

> "유약함은 도가 사용하는 수단이다. 천하 만물은 유에서 생기고 유는 무에서 생긴다."라고 하였다. (40장)

유약함의 도를 처세의 방법으로 사용한다는 의미이다. 유약의 도는 자신을 겸하하여 다른 사람과 이해를 다투지 않고 덕으로 행동하는 것이니 다른 사람의 원한을 사지 않는다. 그리하여 다시 말하기를

> "자신의 눈으로만 보지 않으니 사물을 명확하게 볼 수 있고 자신의 생각만 옳다고 하지 않으니 모든 것이 명백하게 드러난다. 자신을 과대평가하지 않으니 공이 있는 그대로 나타나고 공을 자랑하지 않으니 그 공이 오래 지속된다."라고 하였다. (22장)

자신을 겸하하는 자세로 세상에 임하게 되면 과오를 남기지 않게 되고 공덕이 오래 지속된다는 것이다. 그러한 처세의 예로써 말하기를

> "성인은 사람들의 뒤에 섬으로써 사람들의 맨 앞에 서게 되고 자신을 사람들의 밖에 처신함으로써 오히려 자신을 돋보이게 한다."라고 하였다. (7장)

둘째, 허와 실의 도이다. 허와 실의 관계를 변증법적 논리로 설명한 것이다. 허로써 처세하는 것이 도리어 실리를 가져온다는 의미이다. 비움으로써 여백과 여지를 넓히면 포용하지 못할 것이 없다. 재능을 감추고 때를 기다리는 처세의 방법이다. 비어 있거나 어리석은 것으

로 보임으로써 위험을 피하고 때가 되면 축적한 힘을 사용한다는 의미이다. 존귀함을 알면서도 비천함을 잊지 않고 영예를 알면서도 욕됨을 지켜내면 언젠가는 천하가 모두 돌아온다는 것이다. 노자가 공자를 만났을 때 말하기를

> "큰 상인은 창고에 많은 상품을 저장하고도 겉으로는 아무것도 없는 듯이 보이고 덕을 쌓은 군자는 겉보기에 어리석은 사람처럼 보인다."라고 하였다. 《사기 · 노자 한비 열전》

안으로 실한 사람이 밖으로는 허하게 보이도록 하는 처세 방법이다. 자신을 위태롭게 하지 않고 내실을 다질 수 있는 기회를 갖고자 할 경우 필요한 처세라는 의미로 공자에게 한 말이다. 또한 말하기를

> "사람들의 뒤에 서니 오히려 사람들이 추대하여 내가 사람들이 맨 앞에 서게 되었다."라고 하였다. (7장)

마음을 비워 포용력을 넓히고 허를 택하여 자신을 낮추면 언젠가는 높은 곳에 오르고 실을 얻을 수 있다는 허와 실의 도리이다.

셋째, 물러남의 도이다. 공을 이루었으면 물러날 줄 알아야 자신의 존귀함을 지킬 수 있다는 처세의 도이다. 이것은 노자가 주장하는 가득 채우지 않는 도와도 통하는 말이다. 노자가 말하기를

> "계속 채우려 하는 것은 그만두느니만 못하다. 날카롭게 연마한 것도 오래 가지 못하고 금과 옥이 집에 가득해도 지키기 어렵다. 부귀를 얻

었다하여 교만하면 스스로 허물을 남기게 된다. 공을 이루었으면 물러나는 것이 하늘의 도이다."라고 하였다. (9장)

물러나는 것은 가득 채우지 않는 것과 통하고 가득 채우지 않는다는 것은 왕성하면 노쇠하게 됨으로 기를 과다하게 사용하지 않는 것과도 통하는 말이다. 공은 이루어도 가득 채우려고 하지 않아야 그 공이 오래 가고 멈출 줄 알고 물러날 줄 알아야 자신의 존귀함을 지킬 수 있다. 이것이 왕성하고 나면 필히 노쇠해진다는 노자의 자연의 이치와 통하는 도의 철학이다. 물러남을 아는 처세의 도이다.

넷째, 덕선의 도이다. 선과 악을 구별하지 않는 자애로움으로 처신하고 항상 다른 사람의 입장에서 생각하는 선행의 도를 말한다. 노자는 자애·검약·겸허의 세 가지 보물 중 자애를 으뜸으로 꼽았다. 그리하여 말하기를

"자애로움으로 싸우면 적을 이기고 자애로움을 지키면 무엇보다 견고하다. 하늘은 장차 자애로움으로 스스로를 지키는 사람을 구할 것이다."라고 하였다. (67장)

자애로움은 연약하지만 넓은 어머니의 사랑과 같다. 자애로운 마음은 많은 사람들을 모으고 모든 강한 것을 이기니 노자 스스로도 자애를 가장 소중한 보물로 생각하였다. 또한 말하기를

"백성들이 불선으로 생각해도 나는 그것을 선으로 생각하고 백성들이 불신하더라도 나는 그것을 믿는다."라고 하였다. (49장)

덕선의 처세는 나의 생각대로만 세상을 판단하지 않고 다른 사람들을 항상 좋은 마음으로 대하고 믿음을 갖도록 노력한다는 말이다. 그리하여 노자가 말하기를

> "크고 작은 일과 많고 적은 것은 구분하지 않고 원한을 덕으로 갚는다."라고 하였다. (63장)

도 하나로 대하면 선악도 귀천도 없고 큰 원한도 작은 원한이 되어 도의 넓은 덕으로 받아들이게 된다는 것으로 유가의 명분과는 대조를 이룬다. 그리하여 말하기를

> "성인은 다른 사람을 위하므로 자신은 더 큰 만족을 얻게 되고 다른 사람에게 베풂으로써 자신은 더욱 풍부해진다."라고 하였다. (81장)

3. 노자 철학의 평가

노자의 사상이 다른 사상가들과 구별되는 특별한 점은 당시 고대 사회에서 처음 시도되는 철학적 사고라는 것이다. 철학이라는 말은 원래 동양에서 사용하던 말이 아니다. 근대에 들어와 서양사상을 번역하여 전달하는 과정에서 생겨난 신조어이다. 철학은 우주적 차원에서 자연과 연계하여 인생의 근본을 밝히고자 하는 모든 노력의 총화라고 할 수 있다. 노자 철학은 인간상호관계를 논리화하고 규범화하는 당시의 전통학문의 학문적 깊이를 더하고 새로운 방향의 모색을 가능하도록 하였다.

1) 자연주의와 민본주의

노자가 말하는 자연은 자연환경을 의미하는 자연이 아니다. 우주가 스스로 움직이도록 하는 우주운행의 자율적인 힘과 규율을 말하는 것이다. 자발적으로 움직이는 우주운행의 당위성을 의미한다. "저절로 그렇게 되었다."라고 하는 것의 주체가 자연이다. (17장) 도로써 설명할 수 없는 한계를 자연으로 귀결하여 완성하였다. 자연을 노자 철학이 추구하는 마지막 단계로 삼은 것이다. 그리하여 말하기를

> "말없이 말하는 도의 말은 자연의 말이다."라고 하였다. (23장)

노자 사상의 핵심인 무위의 도가 가야할 최종의 목적지가 자연임을

밝히고 있다. 또한 말하기를

> "사람은 땅을 본받고 땅은 하늘을 본받고 하늘은 도를 본받고 도는 자연을 본받는다."라고 하였다. (25장)

우주 운행의 마지막 주체를 자연이라고 귀결하였다. 인간을 만물의 일부분으로 보고 인간의 모든 활동을 우주 운행의 일환으로 생각한다. 사람의 힘으로 자연의 흐름을 바꿀 수 없음을 의미한다. 인위적인 것은 도에 반하는 것이고 자연의 순리를 위배하는 것이므로 혼란과 재앙을 야기할 뿐이라고 하였다. 무위자연의 정치로 도를 실현하는 것만이 태고의 순박함을 지킬 수 있고 이상사회를 실현할 수 있는 가장 확실한 길이라는 정치관을 갖고 있다. 그리하여 말하기를

> "도는 항상 무위를 행하지만 하지 못하는 것이 없다."라고 하였다. (37장)

노자가 주장하는 무위의 정치가 적극적으로 앞에 나서지 않는다고 하여 자유방임이나 무정부주의로 생각하는 사람이 있을 수 있으나 노자의 도는 만물을 떠난 적이 없다. 만물 어느 것에도 도가 존재하며 만물의 흥망성쇠를 같이해 왔다. 다만 스스로 움직이는 자율적인 자연의 흐름을 방해하려 하지 않는다는 것이다. 무위를 행하여 백성에 대한 간섭을 최소로 하고 자연의 순리를 따른다. 군주가 탐욕을 버리고 의지를 약하게 하여 최소한의 정치를 하면 백성들은 부담이 줄고 편안해져서 스스로 합의를 이루며 저마다 살길을 찾으니 모든 일이 저절로 잘 이루어진다는 것이 노자의 자연주의 정치철학이다.

노자 철학이 갖는 사회·정치의식은 백성 중심의 민본주의적인 성격이 매우 강하다. 노자의 가르침에서 군주라는 말 대신 성인이 많이 등장하는 것은 도를 체득하여 덕을 갖는 자만이 군주가 될 자격이 있음을 의미한다. 그리하여 노자가 말하기를

> "몸을 가벼이 하면 그 근본을 잃고 마음을 조급히 하면 군주의 지위를 잃게 된다."라고 하였다. (26장)

군주가 탐욕을 버리지 못하고 평정심을 잃게 되면 군왕의 자리를 지킬 수 없다는 역성적 발상이다. 이러한 노자의 관점은 후에 맹자와 순자에게도 영향을 미쳤다. 사람이 만물 중 하나이고 사람의 행위 또한 자연의 큰 운행의 작은 부분에 불과하다. 도가 무와 유를 오가듯이 선과 악이 다르지 않고 귀천이 따로 존재하지 않는다는 생각이다. 왕과 평민이 모두 도 앞에 평등하다는 것이 노자의 민주주의적인 정치의식의 근저를 이루고 있다. 그리하여 말하기를

> "내가 무위를 행하면 백성들은 스스로 교화되고 내가 평정심을 가지면 백성들은 저절로 바르게 된다. 내가 억지로 일을 벌이지 않으면 백성들은 스스로 부자가 되고 내가 욕심을 버리면 백성들은 저절로 순박해진다."라고 하였다. (57장)

자연의 상태를 방해하지 않고 자율에 맡기면 백성들은 스스로의 힘으로 모든 것을 해결한다. 스스로 자연의 이치를 터득하고 자연에 순응하여 살아가니 모든 일이 저절로 잘 이루어지게 된다. 이것은 민중의 자율성을 강조한 민본주의적인 시각을 나타낸 것이며 민주주의적인 정치철학의 일면을 보여주는 말이다. 이러한 무위자연의 철학으로

백성을 다스릴 때 백성들은

> "내가 스스로 하니 저절로 그렇게 되었다."라고 말한다. (17장)

백성이 스스로 하는 민본주의와 저절로 그렇게 되었다는 자연주의를 같이 말해주는 대목이다. 군주와 백성의 관계가 도의 규율 하에 귀천의 구별 없이 존재하는 것이다. 천도와 인도가 하나가 되어 노자의 자연주의와 민본주의 속에서 합치되고 있다.

2) 사회·정치에 대한 비판의식

노자의 사회·정치적 인식은 매우 부정적이다. 노자는 물질문명의 발전이 정신문명의 황폐를 가져오게 하여 결과적으로 인간의 본성을 해치고 행복과 멀어지게 한다는 생각을 갖고 있다. 유에 대한 사회적 욕구가 증대하면 무와 유의 사회적 균형이 깨지게 된다는 논리이다. 당시의 시대적 상황을 천도와 인도가 불일치하는 것으로 보고 문명 발전의 과정을 도에 위배되는 부자연적인 과정으로 규정하였다. 그리하여 말하기를

> "대도는 평이하지만 사람들은 대도를 가지 않고 샛길로 가기를 좋아한다."라고 하였다. (53장)

모든 사람들이 욕망을 좇아 지름길을 찾고 샛길로 들어서기 때문에 대도를 보지 못한다는 것이다. 인간의 마음속에 근본적으로 유의 물질세계를 추구하는 욕망이 존재함을 의미한다. 그리하여 말하기를

"하늘의 도는 여유 있는 곳에서 덜어 내어 부족한 곳을 채운다. 그러나 사람의 도는 그렇지 않다. 부족한 곳에서 덜어 내어 여유 있는 곳에 바친다."라고 하였다. (77장)

당시의 사회적 현실이 도에서 멀어지고 백성들을 억압하는 상황을 비판하여 말한 것이다. "대도가 황폐하면 인의가 나타나고 지혜의 출현은 더 큰 허위를 부르게 된다."(18장) 라고 하여 새로운 법과 제도 그리고 문명의 발전에 대한 부정적인 견해를 보이고 있다. 문명이 발전하고 대국화하는 현실을 보면서 사회의 순수성이 훼손되는 것을 애석하게 생각하였다. 그리하여 상고시대에 나라가 작고 백성의 수가 적었던 때를 가장 행복했던 시절로 생각하고 그러한 소국과민(小國寡民)을 회상하여 말하기를

"나라가 작고 백성이 적을 때는 …… 거친 음식이라도 맛있게 먹고 좋은 옷이 아니어도 만족하여 입고 누추한 집이더라도 편안히 살고 소박한 풍속을 즐겼다."라고 하였다. (80장)

노자가 이상적으로 생각하는 사회·정치의 형태는 무위로 다스리는 도의 사회를 의미한다. 백성들이 스스로 조화를 이루도록 뒤에서 도우며 그대로 두는 것이다. 백성을 보살피지만 법과 제도에 의존하여 다스리지 않고 백성들이 스스로 자연의 이치를 터득하며 살아갈 수 있도록 돕는 것이다. 노자는 이러한 일이 도를 체득하여 욕심을 버리고 스스로 의지를 약하게 하는 성인만이 할 수 있는 일이라고 하였다. 그리하여 말하기를

"백성을 아끼는 마음으로 나라를 다스리면 무위를 행할 수 있다."라고 하였다. (10장)

사욕을 갖지 않고 진정 백성을 위하는 군주라면 당연히 무위를 행할 수 있다는 주장이다. 무위의 도로써 다스리는 도의 정치만이 진정으로 백성을 위하는 정치라는 것과 같은 말이다. 이것은 덕치의 이름으로 인의 정치를 주장하는 유가학파와 배치되는 말이다. 그리하여 일부의 학자들은 이러한 노자의 무위사상을 실현 가능성이 없는 비현실적인 것으로 비판하지만 그것은 옳은 평가라고 보기 어렵다. 공자와 노자가 사회를 보는 입장은 다르지만 당시의 혼란을 보면서 제시한 해법이 다를 뿐 각자가 자신의 해법을 신뢰하였을 것이다. 그리하여 말하기를

"무위를 행하면 다스려지지 않는 것이 없다."라고 하였다. (3장)

노자의 무위자연의 정치철학은 보이지 않는 손에 의하여 저절로 수급이 조절된다고 하는 현대의 자유 시장 경제논리와 같은 것이다. 현대정치에서도 작은 정부를 주장하는 견해가 끊임없이 병존하고 있는 것과 비슷한 상황이다. 노자의 비판적인 정치적 인식은 후에 다른 학파에도 영향을 주며 전제군주의 전횡을 견제하는 정치논리의 근거로서 작용하였다.

3) 문화사적 위상

중국문화에서 노자가 차지하고 있는 문화사적 위상은 절대적이다. 노자가 창시한 도가적 사유방식은 이천오백 년 동안 중국문화의 학문적·사상적 원류가 되어 중국인의 의식과 사고방식의 원형을 이루어왔다. 하늘의 도로써 인간 만사를 밝히고 하늘과 땅과 사람을 하나

로 연결하여 자연주의적 사상의 전통을 확립하였다. 인간사회의 갈등과 대립을 만물의 순환적 자연법칙인 도의 철학으로 풀어내고 천지만물의 기원과 우주의 운행을 일정한 규율성을 갖는 도의 논리로 정리하였다. 고대 중국인의 의식을 우주적 관점으로 확대시키고 인생철학의 지평을 자연의 범주로 연장시킨 노자의 철학은 중국학문의 논쟁과 발전의 발화점이 되고 중국사상의 철학적 기초가 되었다.

이와 같이 노자의 철학이 중국문화에서 절대적인 위상을 갖는 것에 비하여 동양문화에서 차지하는 노자의 위상에 대해서는 단정적으로 말하기가 쉽지 않다. 그것은 중국 문화가 갖는 지역적·시대적 문화영역의 구분이 명확하게 이루어지지 않았기 때문이다. 진나라 통일 이후 중국의 지정학적 영역이 넓어지면서 동아시아 지역에 존재하던 대부분의 문화와 역사가 중국에 편입되기에 이르렀다. 그 결과 동양의 고대문화를 같은 동양권의 가장 가까운 곳에 위치하고 있는 우리의 고대문화에까지 확대하여 볼 수 있는 근거 또한 찾기가 쉽지 않다. 당시의 우리 고조선에서는 어떠한 문화사적 기록을 갖고 있는지 아는 바가 없다. 중원에서 전개되었던 많은 성현들의 고대문화는 주변국들과 연계되지 않고 그대로 중국문화에 편입되어 우리와의 연결의 고리를 찾기 어렵다. 중국문화에서 《주역》을 말할 때 우리는 석기시대의 고인돌을 말하고 있는 실정이다. 같은 문화권이라고 하기에는 지나치게 단절되어 있는 고대동양문화에 대한 새로운 인식의 필요성을 갖게 된다.

문화는 일정한 관념이 사회적인 합의를 이루고 보편적인 인식의 공유를 형성하여 사회적 의식으로 나타나는 것을 의미한다. 좀 더 개괄적으로 정의하여 말하면 인류사회의 역사 과정에서 발생하는 일체의 물질적·정신적 활동의 결과물을 가리켜 문화라고 한다. 이러한 관점에서 볼 때 고대동양문화라 함은 고대에 동양 지역에서 발생한 일체의 인간 활동의 결과물을 의미하는 것이다. 새삼스럽게 고대동양문화의 의미를 규정해 보이는 이유는 많은 사람들이 고대동양문화를 중국문화와 동일시하기 때문이다.

춘추시대 이전의 고대사회에서 국가라는 개념은 왕과 제후가 거주하는 도시와 그 주변을 의미한다. 그 외의 지역은 씨족사회로 이어져 내려온 씨족공동체의 형태로 남아있었다. 국가의 영역이 커지기 시작한 것은 노자와 공자가 살았던 춘추말기에 이르러 토지의 확대에 대한 경쟁이 고조된 이후부터이다. 진나라가 중원 주변의 지역을 통일하기 이전까지의 동양사회는 국경이 명확하지 않고 사람들의 이동과 거주가 자유로웠으며 중원은 동아시아의 중앙에 위치하며 많은 나라들이 문화를 교류하던 시장과 같은 곳이었다. 따라서 오늘날 이 지역의 고대문화를 중국문화에 귀속시키는 것은 고대에 이루어졌던 동아시아의 다양한 문화를 중원 문화라는 이름으로 고대 동양문화사에서 지워버리는 결과를 낳게 하였다. 중원문화는 그대로 중국문화에 연결되고 주변국들의 고대문화는 지역적 분화가 명확하지 않았던 당시의 사회문화적 특성상 소외될 수밖에 없었던 것이다. 고대 중원의 문화를 중국의 전유물로 삼는 것은 고대문화에 대한 주변국들의 다양한 접근을 방해하고 많은 사실을 중국에 종속시켜 왔으며 앞으로도 이러한 역사관은 바뀌기 어려울 것으로 보인다. 노자와 공자의 사후 200년이 지난 전국시대(기원전 286년)에 공자의 7대손인 공빈(孔斌)이 지은《동이열전》을 보면 당시 중원과 우리와의 관계가 잘 나타나 있다. 이러한 사실을 통하여 고대사회의 사회문화적 상황을 살펴보기로 하자.

동방의 오래된 나라가 있는데 사람들이 동이라고 부른다. 하늘은 동남쪽 키 별자리 끝자락에 있고 땅은 가장 먼저 신선한 햇빛을 받는 곳이다. 시조는 단군이며 신이 내린 사람이다. 그는 아홉 개 동이민족의 추대를 받아 군주가 되었다. 요임금과 함께 병립했던 동방의 군주이다. 우나라를 세웠던 순임금의 출생지도 동이이다. 중원의 나라에 들어와 천자가 되어 백성을 다스리며 머리에 면류관을 쓴 백곡의 왕이 되었다. 동이에는 자부선인이라는 성인이 있었는데 학문에 달통하고 학식이 인간의 지혜의 경지를 넘어선 사람이었다. 황제(黃帝)가 그의 문하에서 내황문을 익히고 염제신농의 대를 이어 제왕에 올랐다. 사람이 죽으면 작거나 큰 손수레 상여로 삼일장을 치르고 슬픈 마음으로 삼년을 보냈다. 이것은 나의 선조인 공자께서 하신 말씀이다. 하나라의 우왕이 열었던 도산회의에 조선의 부루가 친히 나와 나라의 경계를 정하였다. 유위자라는 사람은 하늘이 내린 성인으로 그 영명함이 중원에 널리 알려져 있었다. 이윤이 그의 문하에서 수학하여 은나라 탕왕의 현명한 재상이 되었다.

나라는 대국이지만 스스로 교만하거나 우쭐대지 않았으며 군사력이 강하지만 다른 나라를 침략하지 않았다. 풍속이 순박하고 후덕하여 지나가는 사람에게 길을 비켜주고 식사 시에는 먹을 것을 서로 권하며 남녀를 구분하여 서로 동석하지 않도록 하였다. 동방의 예의 바른 군자의 나라라고 말할 수 있다. 그리하여 은나라의 태사부였던 기자는 은나라를 정복한 주나라의 무왕의 신하가 되기를 거절하고 동이에 피신하여 살았다. 나의 선조인 공자께서는 동이를 낙후한 곳으로 생각하지 않으셨다. 나의 친구 노중현도 동해를 건너 동이로 갈 뜻을 갖고 있다. 나 역시 동이에 가서 살고 싶다. 왕년에 동이에서 온 사절단을 보니 동이 사람들의 의례와 용모에서 대국인의 긍지와 면모를 알 수 있었다. 동이는 거의 천 년이 넘도록 우리 중화의 나라와 친구의 의를 지켜왔다. 사람들이 서로 오가며 살고 접촉이 끊이지 않았다. 나의 선조 공자께서 동이를 낙후한 곳으로 생각하지 않는 것은 그 뜻이 또한 나의 이러한 생각과 같기 때문이다. 그러므로 나 또한 느끼는 바가 있어 이러한 실정을 기록하여 후세인이 볼 수 있도록 하였다.

위나라 안희왕 10년 곡부 왕빈 씀

東方有古國, 名曰東夷。星分箕尾, 地接鮮白。

始有神人 檀君, 遂應九夷之推戴而爲君, 與堯竝立。

虞舜 生於東夷, 而入中國, 爲天子至治, 卓冠百王。

紫府仙人, 有通之學, 過人之智, 黃帝受內皇文

於門下, 代炎帝而爲帝。

小連大連善居喪, 三日不怠三年憂, 吾先夫子稱之。

夏禹塗山會, 夫婁親臨 而定國界。

有爲子, 以天生聖人, 英名洋溢乎中國, 伊尹受

業於門 , 而爲殷湯之賢相, 其國雖大, 不自驕矜,

其兵雖强, 不侵人國。

風俗淳厚, 行者讓路, 食者推飯, 男女異處而不

同席, 可謂東方禮儀之君子國也。

是故 殷太師箕子有不臣於周朝之心, 而避居於 東夷地。

吾先夫子欲居東夷, 而不以爲陋。

吾友魯仲連亦有欲踏東海之志, 余亦欲居東夷之意。

往年賦觀東夷使節之入國, 其儀容有大國人之 衿度也。

東夷蓋自千有餘年以來, 與吾中華相有友邦之義。

人民互相來居往住者接踵不絶。

吾先夫子印夷不以爲陋者, 其意亦在乎此也。

故余亦有感而記實情以示後人焉。

魏 安釐王 十年 曲阜 孔斌 記

[주석]

성분기미(星分其尾): 기는 여름 저녁에 동남쪽 하늘에서 볼 수 있는 24개의 별로 된 별자리이다. 곡식을 고르는 키의 모양을 하고 있고 키 별자리라고 부르며 동이의 위치가 동남쪽 키 별자리의 끝부분에 위치한다는 뜻임. 그러므로 하늘은 키 별자리의 끝자락에 위치하였다고 해석하였음.

지접선백(地接鮮白): 땅은 처음 해가 뜨는 신선한 밝은 햇빛을 받는 곳에 자리 잡고 있음을 뜻함. 구이(九夷): 아홉 개의 동이 민족을 의미함.

중국(中國): 중원을 천하의 중심으로 생각하고 주변 국가를 동서남북으로 나누어 동이(東夷), 서융(西戎), 남만(南蠻), 북적(北狄)으로 불렀음. 그리하여 중국이라는 것은 중앙의 국가, 중심국가, 중원 국가를 의미하는 것임.

황제(黃帝): 중국인의 시조로 생각하는 전설상의 고대 제왕.

소련대련(小連大連): 련은 고대의 손수레를 의미함. 손수레 련(輦) 과 같은 의미임. 여기에서는 죽은 망자를 넣는 관을 메거나 끌고 가던 상여가마나 상여수레를 의미하는 것으로 해석하였음.

자부선인(紫府仙人): 고조선 14대 치우환웅 당시의 선인. 염제(炎帝): 상고시대 강(姜)씨 성의 부족 수령이었으나 발전하여 중원으로 진출하였음. 신농씨(神農氏)로도 전해지며 황제와 함께 중국 한족의 시조로 알려짐.

삼일불태 삼년우(三日不怠 三年憂): 삼일이 지나기 전에 삼일장을 치르고 삼년간 슬픈 마음으로 망자를 생각한다는 뜻으로 삼일장, 삼년상을 뜻하는 것으로 해석하였음.

부루(夫婁): 단군 조선의 제2대 군주임.

유위자(有爲子): 단군조선 제13대 흘달군주 때의 선인임.

이윤(伊尹): 은나라 건국에 공을 세우고 재상을 지냈음.

기자(箕子): 은나라 태사부를 지낸 당대 최고의 석학이자 정치인으로 은나라가 주나라에 패망한 후 고조선으로 피신하여 후에 고조선의 군주가 되었음.

오선부자(吾先夫子): 자신의 조상인 공자를 뜻함.

위 안희왕 10년(魏 安釐王 十年): 기원전 286년

동이라는 것은 동쪽의 이민족을 뜻하는 말이다. 자신들이 살고 있는 중원을 천하의 중심으로 생각하고 주변의 국가들을 동·서·남·북으로 나누어 동이·서융·남만·북적으로 칭하였다. 따라서 여기에서 말하는 중국은 현재의 중국을 뜻하는 것이 아니라 중앙국가, 중심국사, 중원의 국가를 뜻한다. 중원에서 주변 국가들을 칭하는 이름을 보면 동이국가인 우리와 중원의 관계는 문화적으로 어느 정도 대등한 관계였음을 알 수 있고 사람들 또한 자유롭게 이동하며 거주하는 밀접한 관계였음을 말해주고 있다. 오히려 동이지역은 좋은 풍속과 예절을 지키며 살아가는 풍요한 사회였음을 기술하고 있다. 공자가 고조선의 장례문화를 언급한 사실로 보아 공자가 동이의 예에도 많은 관심을 갖고 있었던 것으로 보인다. 맹자가 한 말을 보면 "공자의 도는 맥 민족의 도이다(子之道 貊道也)."라고 하였다. 맥은 동이의 북동쪽에 있는 민족이다. 공자의 예가 주나라의 예를 계승했지만 동이의 예 또한 공자의 예에 근거가 되었음을 보여주는 말이다.

고대 동양사회의 문화사적 실상을 밝히려 하는 것이 중국의 동양문화에 대한 정체성과 대표성을 부정하고자 하는 것은 아니다. 고대의 동양문화를 중국문화로 치부하고 스스로 과거와 단절하는 우리의 현실을 바로 보기 위한 것이다. 지정학적으로 점하고 있다고 해서 과거의 시간까지 점한 것은 아니라는 뜻이다. 전술한 바와 같이 문화의 주체는 사람이다. 노자와 공자가 기여한 문화적인 공헌 역시 선조들이 이 지역에서 살아온 오랜 삶의 결과물이라고 할 수 있다. 고대의 많은 사람들이 중원을 중심으로 서로 자유롭게 교류하고 이동하며 문화를 교류해 왔음을 상기할 필요가 있다. 중국의 국수적인 역사인식을 부정하기에 앞서 우리들 스스로가 고대문화에 대한 시각을 바로잡고 애정을 갖고 다가가는 것이 중요하다. 노자와 공자의 문화적 결과물이 한 국가의 산물이 아니고 여러 나라들의 권역문화의 산물임을 알아야 할 것이다. 오천 년의 동양문화역사의 한 가운데에 노자와 공자가 있다. 노자와 공자의 학문과 사상은 동양인의 사고방식과 사회·정치적인 의식 그리고 국가의 규범·제도·조직에 이르는 모든 것들의 근간을 이루고 있다. 오천 년의 역사를 노자와 공자의 전과 후로 나눌 수 있을 만큼 두 성현의 위상은 지대하며 우리의 오천 년 역사와도 그 맥을 같이 하고 있어 우리에게도 매우 중대하다 하지 않을 수 없다.

마지막으로 노자가 갖는 문화사적 중요성을 꼽는다면 노자의 넓은 포용력과 변함없는 생명력을 들 수 있다. 노자의 철학이 만물의 근원을 밝히며 문명의 발전으로 인한 근본의 상실을 비판하였지만 다른 학문에 배타적으로 존재하지 않고 통합과 융합으로 다양한 문화를 포용하며 문화의 근간을 형성해 왔다는 점이다. 중국이 수많은 흥망성쇠를 겪으면서 더 큰 중국으로 거듭날 수 있었던 중심에 노자가 있었음을 부인할 수 없다. 선악을 구분하지 않는 포용력으로 이민족의 문화와 조화를 이루고 새로운 중국을 창출한 것은 만물의 생성과 소멸을 통하여 새로움을 지키는 노자의 철학과 다르지 않다. 현대의 다양한 문화의 혼재 속에서 우리가 해야 할 일은 근본에 대한 바른 인식과 함께 사고의 균형을 잃지 않는 것이다. 다양한 문화와 조화를 이루지만 우리의 본성을 지키는 것이다. 역사는 살아남는 것이 승리자이다. 우리는 이미 세계사의 승리자임을 잊지 말아야 한다. 노자를 바로 보는 것은 그러한 인식으로 과거를 바로 보고 우리의 근본으로 되돌아가는 첫걸음이 될 수 있을 것이다.

4. 용어 설명

ㅡ 도(道): 본래 길이라는 뜻으로 쓰였으나 사람이 사는 인생의 길에 비유 되면서 차츰 심리적·윤리적인 단어로 발전되어 춘추시대에 이르러 형이상학적인 단어로 보편성을 갖게 되었다. 노자는 이 단어를 생명의 근원과 우주의 운행을 포괄하는 주체로서 개념화하여 사용하였다. 인간이 상세하게 규정할 수 없는 개념이므로 이름을 정할 수 없으니 포괄하여 칭하는 말로 도 라고 하였다.

ㅡ 상(常): 도에 관련한 행위를 만물의 일반적인 행위와 구별하기 위하여 붙인 말로서 절대불변의 도의 행위를 뜻한다.

ㅡ 무위(無爲): 유와 모든 인위적인 작위와 반대되는 개념을 의미하는 것으로서 무와 자연의 순리를 따르는 도의 대표적인 행태 또는 행동의 방법을 의미한다.

ㅡ 유위(有爲): 무위와 상대적인 말로서 유의 물질과 인간적인 욕망을 따르는 인위적인 작위를 뜻한다. 인간의 세속적인 모든 활동과 그 결과물을 의미한다. 물질에 대한 욕구, 이익추구, 예와 법규, 문명 등 모든 개인과 집단의 사회적 활동을 포함한다.

ㅡ 자연(自然): 강이나 산을 의미하는 것이 아닌 우주 전체를 움직이는 자율적인 힘과 규율을 의미한다. 인간이 알 수 없는 현상을 "그렇게 되었다"라고 한다면 그렇게 되도록 한 주체가 바로 자연이

다. 노자가 추구하는 모든 가치의 마지막 종착점이라 할 수 있다.

— 현(玄): 현은 검은 색으로 하늘을 의미하고 황은 누른색으로 땅을 의미한다. 노자는 현을 알 수 없는 도의 심오함을 표현하는 말로 사용하였다. 도의 넓고도 오묘함을 현이라 하여 현묘함으로 표현하였다. 인간이 알 수 없는 하늘같이 넓고 연못처럼 깊어 속을 들여다볼 수 없는 현묘함으로 도의 특징을 표현한 것이다. 그리하여 인간이 짐작할 수 없는 도의 큰 덕을 현덕이라고 하였다.

— 상무(常無): 상무는 천지창조 이전의 상태를 의미한다. 무와 유가 생기기 이전을 말한다. 노자는 무와 유를 구분하지 않는다. 같이 생성된 연결된 개념으로 본다. 우리가 보통 말하는 유와 무는 단독으로는 존재하지 않는다. 상무는 도의 근원을 의미한다.

— 상유(常有): 상유는 상무와 대비되는 개념이다. 상유에는 무와 유가 다 포함된다고 볼 수 있다. 상유는 천지창조 이후의 무와 유가 존재하는 세상을 말한다.

— 유약(柔弱)과 강강(剛强): 유약은 부드럽고 약하다는 뜻으로 도의 본성이 가장 강하고 가장 순수한 상태를 의미한다. 강강은 단단하고 강하다는 뜻으로 기를 다 쓰고 도의 본 성이 수명을 다하여 도로 되돌아갈 때가 되었음을 의미한다. 노자는 도에 가까워질 수 있는 최적의 상태를 유약의 상태라 하고 유약의 상태를 지킬 것을 강조하였다. 유약과 강강의 약하고 강한 부분은 노자가 구분하는 것 이 아니

다. 만물은 약할 때도 있고 강할 때도 있으며 약하고 강한 것도 상대적인 것이어서 단정하여 말할 수 있는 것이 아니다. 노자가 중요하게 생각하는 것은 부드러움(柔)과 단단한 것(剛)이다. 부드러운 것이 단단한 것으 로 변하면 다시 부드러운 것으로 돌아갈 수 없다. 노자가 말하는 것은 기를 많이 써서 본성을 허비하고 나면 만물은 부드러움을 잃고 단단해져서 수명을 단축하게 된다는 것이다. 그리하여 길게 보면 항상 유약한 것이 단단하고 강한 것을 이긴다. 노자의 유약한 것을 약한 것으로 생각하고 단단하고 강한 것을 강한 것으로 생각해서는 안 된다. 부드러워 약한 것이고 단단하여 강한 것이다. 부드럽게 약한 것이 노자가 선호하는 것이고 단단하게 강한 것이 만물이 경계해야 하는 것이다.

ㅡ 동(動)과 정(靜): 유약·강강과 마찬가지로 도의 본성과 순수한 도의 정기에 관련된 말이다. 동은 유를 따라 번잡하게 움직이며 도와 멀어지는 것이고 정은 무를 향해 움직이지 않고 고요함을 지키며 도에 가까이 가는 것을 의미한다. 동은 유·유위·수컷·욕망을 동반하고 정은 무·무위·암컷·무욕의 상태를 갖는다. 그리하여 움직임을 다하면 도를 되돌아가게 되고 또한 도를 되돌아가려면 정의 상태가 되어야 한다. 그러므로 정의 상태를 유지하면 도의 본성을 오래 지키게 되어 장수하고 동의 상태가 지나치면 단명하여 일찍 도로 회귀하게 된다. 따라서 도에서는 청정(靑靜)의 맑고 고요함을 도의 기본 상태로 생각한다.

ㅡ 본성(本性): 도가 만물에 부여하는 정령과 같은 것으로 신명

이라고도 한다. 도의 모든 만물에게 도의 본성을 빌려주는 것처럼 부여함으로써 만물과 접속하게 된다. 본성을 다 소진하게 되면 도의 근원으로 회귀하여 다시 명을 받아 본성을 부여받고 새롭게 태어나는 것이다.

상 편

老子道經

제1장

道可道, 非常道。名可名, 非常名。
無名天地之始, 有名萬物之母。
故常無, 欲以觀其妙。常有, 欲以觀其徼。
此兩者, 同出而異名, 同謂之玄。
玄之又玄, 衆妙之門。

[해석]

사람들이 말하는 도를 도라고 할 수 있지만 내가 말하는 상도를 의미하는 것은 아니다. 사람들이 부르는 이름을 이름이라고 할 수 있겠으나 내가 말하는 상명을 의미하는 것은 아니다. 무명은 천지의 시작이고 유명은 만물 생성의 어머니이다. 그리하여 무는 무명의 오묘함을 보고 유는 유명의 끝을 본다. 이 두 가지는 같이 나왔으나 이름을 달리하며 둘 다 현묘하다고 한다. 현묘하고 또 현묘하니 만물의 생성과 소멸이 이루어지는 도의 오묘한 문이다.

[주석]

상도(常道): 영구불변의 도. 절대불변을 의미함.
상명(常名): 사람이 이름을 짓기 전부터 갖고 있는 이름. 영원히 변하지 않는 본래의 이름을 의미함.

요(徼): 먼 곳. 변방. 변두리의 뜻으로, 큰 도로 갓 쪽에서 나온 작은 길을 의함. 인체로 보면 모세혈관에 해당하고 나무로 보면 가지의 끝을 의미함.

현(玄): 심오함. 현묘함의 뜻임. 주역(易)에서 하늘을 현(玄)이라 하고 땅을 황(黃)이라 하였음.

[해설]

모든 만물이 변하지만 오직 도만은 변하지 않는다. 시작도 끝도 없고 천지가 다하여 없어져도 변하지 않고 영원한 것이 도이다. 따라서 도는 인간이 행하여 다다를 수 있거나 이름을 지어 얻을 수 있는 것이 아니다. 이러한 절대불변의 도의 형태를 가리켜 상(常)이라고 한다. 그리하여 노자는 "사람들이 말하는 도가 도일 수 있겠으나 내가 말하고자 하는 절대불변의 도를 뜻하는 것은 아니다. 사람들이 부르는 이름이 이름일 수 있겠으나 진정한 의미의 이름을 뜻하는 것은 아니다."라고 하였다. 노자가 말하고자 하는 도는 사람 간의 관계에서 나타나는 윤리적 도리나 규범을 말하는 것이 아니다. 만물의 생성과 우주 운행의 보다 근본적인 생명의 근원과 규율을 밝히려는 것이다. 노자는 이와 같은 절대적 존재로서의 도를 다른 여타의 것들과 구별하여 상도(常道)라 하고 상명(常名)이라고 하였다.

아무것도 존재하지 않는 무명의 상태에서 천지가 시작되었으니 무명은 천지의 시작이다. 천지의 창조로 유명이 시작되고 하늘과 땅 사이에서 만물이 생성되고 길러졌으니 유명은 만물생성의 어머니이다. 천지가 생겨나기 이전의 무명의 상태를 상무(常無)라 하고 천지만물의 모든 유·무가 생겨난 유명의 상태를 상유(常有)라 한다. 도는 이 무와 유를 오가며 만물의 생성과 소멸을 관장한다. 그리하여 상무는 도의 근본으로서 항상 천지만물의 생성이 시작된 태초의 오묘함을 보려하고 상유는 유명에 대한 욕망으로 유의 끝을 향해 나아간다. 도는 이와 같이 우리 몸의 앞과 뒤처럼 앞쪽은 유를 향하고 뒤쪽은 항상 무를 향하고 있는 것이다. 무는 도의 근본이고 대도이며 유는 도의 말이고 소도에 해당한다. 무에서 유로 태어나고 유의 끝에 도달하면 다시 무로 되돌아가는 것이다.

상무와 상유는 둘 다 도가 천지만물을 생성할 때 같이 나온 서로 다른 이름이다. 그러나 이 둘은 서로 떨어진 별개의 것이 아니고 도로써 연결된 하나이다. 그러므로 무와 유는 음양이 조화를 이루는 것처럼 따로 떼어서는 생각할 수 없다. 무가 있어 유가 돋보이고 선과 악이 다르지 않고 귀천이 따로 없으며 죽음으로써 새로운 삶이 시작되는 것이다. 이렇듯이 무에서 유를 생성하고 무와 유를 오가는 도의 심오함을 알기 어려우니 노자는 이것을 현묘하다고 하였다. 또한 무명과 유명이 모두 현묘하니 현묘하고 또 현묘하다고 하였다. 무와 유가 서로 만나고 만물의 극과 극이 통하여 생성과 소멸을 지속하니 이것이 알 수 없는 도의 오묘한 문이다. 이 문을 통하여 나오면 유로 태어나는 것이고 들어가면 죽어서 무로 되돌아가는 것이다. 이와 같은 도의 영구불변함과 모든 유가 무에서 비롯된다는 도의 오묘함을 현묘함으로 귀결 지은 것은 앞으로 전개 될 노자의 도와 덕에 대한 논지를 말해 주는 것이라 할 수 있다.

제2장

天下皆知美之為美, 斯惡已。
皆知善之為善, 斯不善已。
故有無相生, 難易相成, 長短相形, 高下相傾, 音聲 相和, 前後相隨。
是以聖人處無為之事, 行不言之教。
萬物作焉而不辭, 生而不有, 為而不恃, 功成而不 居。
夫唯不居, 是以不去。

[해석]

천하의 모든 사람들이 아름다운 것을 아름답다고 알고 있으나 이것은 추악한 것일 수 있다. 모든 사람들이 선을 선한 것으로 알고 있으나 이것이 불선일 수 있다. 그러므로 유무가 같이 생성되고 어렵고 쉬운 것이 같이 이루어지며 길고 짧은 것이 서로 비교되어 형성되고 높고 낮은 것이 서로 경사를 이루고 음성이 서로 화음을 이루고 전후는 서로 앞서고 뒤따르는 것이다. 그리하여 성인은 무위로써 일에 대처하고 말없이 교화를 행한다. 만물이 하는 일에 간섭하지 않고 만물을 생성하고도 소유하지 않고 만물을 위하지만 의존하지 않으며 공을 이루고도 그곳에 안주하지 않는다. 무릇 오직 안주하여 머물지 않으니 그 공덕이 그를 떠나지 않고 오래 지속된다.

[주석]

위미(爲美): 아름다운 것으로 인식하다는 의미임.
음성(音聲): 음과 성은 같은 의미로 쓰이지만 고대 사람들은 표기하기를 음은 사(絲), 죽(竹), 금(金), 석(石), 포(匏), 토(土), 혁(革), 목(木)의 8가지 음의 종류로 나누고 성은 궁(宮), 상(商), 각(角), 치(徵), 우(雨)의 5가지 소리로 구분하였다.
상(相): 서로 또는 함께. 같이의 뜻으로 해석함.

[해설]

세상 사람들이 모두가 아름답다고 말하는 기준을 정해놓고 사람들은 아무 생각 없이 그것을 아름답다고 생각한다. 그러나 아름다운 것에 대한 기준을 정하지 않았다면 현재의 아름다운 것이 추한 것이 될 수도 있다. 세상 사람들이 모두 선한 것으로 말하는 기준에서 바라보면 그것이 선한 것일 수 있겠으나 그러한 기준이 없는 자연 상태에서 바라보게 되면 그것은 선이 아닐 수 있다. 사람들의 생각은 다른 사람들의 생각에 따라 판단하고 또는 순수한 자신의 판단이 아닌 기존의 편견으로 사물을 단정하여 받아들인다. 자신의 정서와 부합하느냐 아니냐에 따라 생각이 달라지고 가치판단의 기준이나 선입견의 정도에 따라 다른 판단을 할 수 있다. 그렇다면 어떻게 해야 세상을 바른 눈으로 볼 수 있겠는가?

그리하여 만물은 유와 무가 같이 생겨나고 어렵고 쉬운 것이 상대적으로 나타나고 길고 짧은 것이 비교되어 돋보이며 높고 낮은 것은 서로 경사를 이루고 음성은 서로 화음을 이루고 전후는 서로 앞서고 뒤따른다. 만물이 생성될 때 음양이 서로 조화를 이루었듯이 만물은 혼자서만 존재하지 않고 서로 조화를 이루며 공존하는 것이다. 이것을 조화로 보지 않고 음양이나 유무의 한 쪽으로만 치우쳐 판단을 하게 되면 진실은 갈수록 왜곡되어 그 차이는 점점 커지게 되고 도와는 점점 더 멀어지게 된다. 그러므로 성인은 자신의 생각을 내세우지 않고 무위로써 모든 일에 대처하고 말없이 교화를 행하여 만물을 인도한다. 이것이 사람의 편견과 상관없이 변하지 않는 순수한 진실을 유지하는 도인 것이다. 만물이 스스로 움직이는 것을 억지로 간섭하지 않고 만물을 생성하면서도 소유하지 않으며 만물을 위하지만 그에 의존하지 않고 공을 이루고도 그 공에 안주하려 하지 않는다. 이렇듯 오로지 안주하여 머무르지 않으니 그 공덕이 떠나지 않고 오래 남아 있는 것이다. 그러므로 목적에 따라 수시로 변하는 세속의 판단에서 벗어나 영원불변의 도의 무위를 본받게 되면 비로소 세상을 있는 그대로 보게 된다. 도로써 세상을 볼 때 아름답고 추한 것과 선하고 선하지 않은 것이 서로 다르지 않다는 것을 알게 되고 가치판단을 함부로 하여 자신만의 생각을 내세우거나 다른 사람의 생각을 맹목적으로 따르는 일이 없게 될 것이다.

제 3 장

不尚賢使民不爭, 不貴難得之貨使民不為盜, 不見可欲使心 不亂。是以聖人之治, 虛其心, 實其腹, 弱其志, 強其骨。

常使民無知無欲, 使夫智者不敢為也。

為無為, 則無不治。

[해석]

재능 있는 사람을 숭상하지 않으면 백성들이 재능을 높이기 위하여 경쟁하는 일이 없게 되고 얻기 어려운 재화를 귀하게 여기지 않으면 백성들이 도적이 되지 않게 되며 욕심이 생길 수 있는 것들을 보지 않으면 백성들의 마음이 혼란해지지 않게 된다. 그리하여 성인은 백성을 다스림에 있어서 마음을 비우고 배를 든든히 하며 의지를 약하게 누그러뜨려서 뼈를 튼튼하게 한다. 항시 백성들로 하여금 아는 것이 없게 하여 욕심 또한 없도록 하고 지식인이라고 하는 자들이 감히 함부로 행동하지 못하게 한다. 무위를 행하면 다스려지지 않는 것이 없다.

[주석]

강기골(强其骨): 몸에서 신장은 골수를 생산하는 역할을 함. 의지를 약하게 가라앉히면 조급함이 없어져 신장에 정기가 충만하게 되고 이것은 뼈를 튼튼하게 한다는 의미임.

실기복(實其腹): 눈으로 많은 것을 보게 되면 욕망이 더욱 커지고 밖에서 구하면 마음의 만족을 채우기 어려우니 차라리 눈을 감고 마음을 비워서 쉽게 만족을 느끼는 내 안의 배부터 확실하게 채우는 실속을 택한다는 의미임. 무지가 순박한 자연 상태와 가깝고 지식이 많을수록 도와는 멀어진다는 것을 설명하기 위한 말임.

[해설]

국가가 언변이 좋고 문장을 잘하는 사람을 인재로 등용하고 현인의 세속적인 능력만을 숭상하게 되면 백성들은 순박함을 버리고 오로지 공명을 얻기 위한 지식을 습득하기 위해 경쟁하게 된다. 윗사람들이 얻기 어려운 재화를 귀중하게 여기면 아랫사람들은 그에 대한 소유욕망이 더욱 커지게 된다. 군주가 희귀한 재화를 귀하게 여기지 않고 손에서 멀리하면 신하와 백성은 재화에 대한 탐욕을 갖지 않고 백성이 도적이 되는 일도 없게 될 것이다. 이렇듯 탐욕을 일으킬 수 있는 재화를 보지 못하고 알지 못하게 하여 백성들의 마음이 혼란해지는 것을 막는다.

그리하여 성인은 백성을 다스리는 것을 자신을 다스리듯 하여 마음을 비우고 배를 채우고 의지를 약하게 하여 뼈를 튼튼히 한다. 눈으로 보는 것이 많으면 밖에서 구하려는 욕망이 커진다. 만물은 유의 욕망을 향하여 끝없이 나가기 때문에 밖에서 구하는 것으로는 욕망을 채우지 못한다. 따라서 밖에서 구하지 말고 자신의 안에서 구하는 것이 욕망을 채울 수 있는 실현 가능한 방법이다. 의지가 강해지면 주어진 기를 과도하게 사용하여 몸을 해치게 된다. 의지를 약하게 하여 정기를 충분하게 하는 것이 뼈를 튼튼하게 한다. 이렇게 백성들을 세속의 지식에 대한 무지로 인도하여 무욕의 상태를 이루도록 하고 세속의 지식인들이 함부로 경거망동하게 하지 못하게 해야 한다. 이것이 무위를 행하는 도의 정치이다. 무위를 행하면 다스려지지 않는 것이 없다. 만물이 스스로 조화를 이루며 생성되듯이 모든 것이 저절로 조화를 이루게 된다. 백성들을 무지로 인도하는 것이 백성을 백치로 인도하여 우민정치를 하려는 것이 아니다. 세속의 지식에서 벗어나 스스로 자연의 이치를 깨우치도록 인도하는 것을 뜻하는 것이다. 이것이 무위의 정치이며 도의 정치이다. 무위로 다스리는 도의 정치가 가장 이상적인 정치이며 이러한 정치는 욕심을 갖지 않고 밖에서 허황된 목표를 세우지 않는다. 의지를 약하게 갖는 성인만이 할 수 있는 일이다.

제4장

道沖而用之或不盈, 淵兮似萬物之宗。
挫其銳, 解其紛, 和其光, 同其塵。
湛兮似或存。
吾不知誰之子, 象帝之先。

[해석]

도가 비어 있고 그 비어 있는 것을 사용하지만 항상 다 채우는 일이 없다. 그 깊이가 심오하니 마치 만물의 원조인 것 같다. 첨예한 대립을 무마하고 얽힌 매듭을 풀고 밝은 빛과 조화를 이루고 세속의 모든 것과 하나가 된다. 심오하여 무언가 있는 것 같기도 하고 없는 것 같기도 하다. 나는 그가 누구의 자식인지 알지 못한다. 아마도 천제 이전부터 존재했던 것 같다.

[주석]

충(沖): 비어 있는 것. 또는 붓다. 불어넣다의 의미임.
혹(或) : 언제나(常)의 의미임. - 하상공(河上公)
혹여라도. 단 한번도 라는 의미로 해석하였음.
제(帝): 조물주를 뜻함. 하늘(天)과 하느님(上帝)를 합한 개념임.
상(象): 비슷하다. 같다의 사(似) 또는 호상(好象)의 의미임.

[해설]

도는 천지간이 비어 있는 것을 사용하여 만물을 생성하지만 비어 있는 것을 모두 채우려 하지 않는다. 만물이 정기가 충만하고 우와 유가 항상 균형을 이루는 것은 비어 있는 것을 가득 채우지 않기 때문이다. 가득 채우지 않기 때문에 만물이 종말에 이르지 않고 생성과 소멸을 반복하며 새로움을 지킬 수 있는 것이다.

도는 깊은 연못과 같다. 깊고 깊어서 그 끝을 알 수 없다. 도의 심오함이 마치 천지만물의 시작을 보는 듯하다. 가히 만물의 원조라 할 것이다.

도는 첨예한 욕망의 의지를 꺾어 대립과 갈등을 무마시키고 어지럽게 얽힌 매듭을 풀어 화합을 이루며 밝은 빛을 중화시켜 어둡게 함으로써 자신을 나타내지 않고 세속의 모든 것과 하나가 되어 같이 어울린다.

도는 이렇듯 어느 곳에서든 깊은 곳에 존재하며 자신을 나타내지 않으니 있는 것 같기도 하고 없는 것 같기도 하다. 존재를 알 수 없고 그렇다 하여 무라고 할 수도 없다.

나는 도가 어디에서 왔는지, 누구의 자식인지 알지 못한다. 도를 통해 천지가 생겨 났으니 도는 아마도 조물주 이전부터 존재했던 것 같다.

제 5 장

天地不仁, 以萬物為芻狗。
聖人不仁, 以百姓為芻狗。
天地之間, 其猶橐籥乎。
虛而不屈, 動而愈出。
多言數窮, 不如守中。

[해석]

천지가 만물에게 인애를 베풀지 않고 제사 때 쓰고 버리는 추구처럼 대한다. 성인은 백성에게 인애를 베풀지 않고 제사 때 쓰고 버리는 추구처럼 대한다. 천지간의 빈 공간은 바람을 만드는 풍구와 같다. 비어 있지만 고갈되어 없어지지 않는다. 움직일수록 계속 바람이 나온다. 말이 많으면 궁색한 상황에 처하기가 일쑤이니 가운데의 고요함을 지키는 것만 못하다.

[주석]

추구(芻狗): 고대에 제사를 지낼 때 사용했던 짚으로 만든 개 모양의 제물.
탁약(橐籥): 옛날 주조 방식으로 만든 바람을 일으키는 도구로 풍구를 의미함. 탁은 바깥 쪽 구조물이고 약은 안쪽의 관으로 되어 있다. 풀무·풍구 또는 풍상(風箱)이라고도 함.

굴(屈): 끊기다. 다하여 없어지다의 뜻임(竭, 窮盡)
삭(數): 번번히. 바로. 자주

[해설]

천지가 만물을 대하고 성인이 백성을 대하는 것이 마치 제사 때 사용하고 버린 볏짚 추구 대하듯 무심하다. 천지와 성인이 만물과 백성을 추구와 같이 무심하게 대하는 것은 만물과 백성을 인애로 보살피는 것이 아니라 자연의 섭리에 따르고 무위로 다스리기 때문이다. 추구를 버리는 것은 도가 천지간에 만물을 생성하지만 생성한 후에는 모든 것을 자연의 섭리에 맡기는 것과 같다. 도를 체득한 성인은 인의로써 백성에 다가가려 하지 않는다. 백성들이 인의를 느낀다면 그것은 도가 아니다.

만물을 생성하는 천지간의 공간은 바람을 만드는 풍구의 속과 같다. 속이 비어 있지만 고갈되어 없어지지 않고 움직이면 움직일수록 계속 소리도 나오고 바람도 나온다. 그러나 이것은 사람이 풍구를 돌려서 만드는 것이므로 유위를 행하는 것과 같다. 도의 무위로써 음과 양이 조화를 이루게 하여 만물이 스스로 생성되도록 하는 천지간의 공간과는 다르다. 마치 사람의 입에서 혀를 일으켜 화를 부르는 것과 같은 형국이다. 말이 많으면 궁색한 상황에 처하기 일쑤이다. 보통 사람은 말이 많으면 자신을 해치지만 군주가 말이 많으면 자신을 해치고 나라를 망치게 한다. 풍구 가운데의 고요함을 지키는 것만 못하다. 천지와 성인이 만물과 백성을 추구 대하듯 무심한 것이 무위를 행하고 자연의 섭리를 따르는 것임을 알아야 한다. 불필요한 말을 많이 하여 자신과 주변을 혼란하게 하지 않고 평정함을 유지하는 것이 도를 지키는 방법이다.

제 6 장

谷神不死, 是謂玄牝。
玄牝之門, 是謂天地根。
綿綿若存, 用之不勤。

[해석]

곡신(谷神)은 죽지 않는다. 이를 가리켜 현빈(玄牝)이라고 한다. 현빈의 문은 천지가 생겨난 근원이라고 한다. 이것은 있는 듯 없는 듯하며 끊임없이 존재하니 사용함에 있어 없어질 것을 걱정하여 서두를 필요가 없다.

[주석]

곡(谷): 산과 산 사이에 있는 좁은 길 또는 물길, 또는 샘에서 나와 시냇물로 통하는 계곡물을 뜻함. 바닷물의 근원이 골짜기의 샘물이므로 골짜기 곡(谷)에 신(神)을 붙여 심오한 도(道)를 표현한 것임. 물이 솟는 샘물을 만물을 생성하는 원천으로 보고 또는 만물을 생성하는 여성의 생식력에 비유함.
현빈(玄牝): 현은 하늘을 의미하고 빈은 땅을 의미함. 현은 양이고 남상이며 빈은 음이고 여성임. 사람의 인체에서는 하늘의 기를 받는 코가 현이고 땅의 기운을 받아들이는 입이 빈에 해당함. 현은 하늘의 도이고 빈은 땅의 도이니 현빈은 만물을 생성하는 주체인 도를 의미하는 것임.
근(勤): 노력하다. 애쓰다. 힘들게 일하다의 뜻임.

[해설]

곡은 골짜기이다. 산봉우리 사이의 비어 있는 곳을 말한다. 곡신은 골짜기의 신이다. 신령이므로 형체가 없고 형체가 없으니 삶을 부여받은 적이 없고 죽음도 있을 수 없다. 그러므로 "곡신은 죽지 않는다"는 말은 천지간에서 만물을 생성하고 소멸하는 것이 영원할 것이라는 것을 뜻한다. 이것을 현빈이라고 한다. 빈은 암컷을 뜻한다. 벌이 꿀을 찾아 이동하면서 암수를 수정시키고 때가 되면 수컷을 끌어들여 교미를 하는 것이 모두 도의 규율 속에서 이루어지는 것이다. 도가 빈을 통하여 만물을 생성하지만 빈은 생성의 주체가 아니므로 생성의 이유를 알지 못한다. 그러므로 도의 행태를 현묘하다고 하고 빈을 현빈이라고 말한다.

골짜기는 바닷물의 근원인 샘물이 솟구치는 곳이다. 곡은 바다의 근원이며 곡신은 도의 본성과 같다. 곡은 음양이 조화를 이루는 곳으로 여성의 자궁과 같다. 하늘의 도와 땅의 도가 만나서 조화를 이루는 곳이다. 도가 주체가 되어 모든 것이 도의 규율 하에서 이루어지지만 음양의 조화를 이루는 것에 도가 관여하지 않는다. 그러므로 만물은 스스로 조화를 이루어 생성된다고 말한다. 이와 같이 만물이 스스로 조화를 이루도록 하는 무위자연의 조화가 이루어지는 것이 현빈의 공덕이며 현빈의 공덕이 이루어지는 곳을 현빈의 문이라고 한다. 이 곳을 통하여 나오면 천지만물이 생성되고 소멸되면 다시 이 문을 통하여 들어간다. 그러므로 현빈의 문을 천지의 근원이라고 한다. 현빈의 문을 통하여 천지가 생기고 천지간에서 만물이 생성되었으니 현빈의 문은 모든 천지만물의 근원이라고 할 수 있다.

곡신은 죽지 않는다. 끊임없이 이어지면서 만물의 생성과 소멸을 계속할 것이다. 도와 함께 영구불변할 것이므로 현빈이 하는 일을 서두르려 하지 않는다.

제 7 장

天長地久。

天地所以能長且久者, 以其不自生, 故能長生。

是以聖人後其身而身先, 外其身而身存。

非以其無私邪, 故能成其私。

[해석]

천지는 장구하다. 천지가 장구하게 유지할 수 있는 까닭은 천지가 스스로 생겨난 것이 아니기 때문이다. 그러므로 오랫동안 장구하게 존재할 수 있는 것이다. 그러므로 성인은 사람들의 뒤에 섬으로써 자신이 사람들의 맨 앞에 서게 되고 자신이 사람들의 밖에 처신함으로써 자신의 존재를 돋보이게 한다. 그것은 사심이 없기 때문이 아니겠는가? 사심이 없기 때문에 사적인 것을 이룰 수 있게 되었다.

[주석]

부자생(不自生): 스스로 억지로 만든 것이 아니라는 뜻으로 스스로 하려는 의식을 갖지 않고 자연의 순리에 따른다는 의미임.

후기신(後其身) : 다른 사람들의 뒤에 서는 겸허한 마음과 무위를 행하는 생활태도를 의미함.

신선(身先): 다른 사람들이 자신을 앞세우는 것을 의미함.
외기신(外其身): 다른 사람들의 가운데로 들어가서 주도하려 하지 않고 밖에서 처신하여 거리를 두는 것을 의미함.
신존(身存): 자신의 존재를 굳건하게 하는 것을 의미함.
능성기사(能成其私): 자기 자신의 사사로운 것을 이루어 내는 것을 의미함.

[해설]

천지는 장구하다. 만물처럼 생성과 소멸을 반복하지 않는다. 천지가 장구하게 존재할 수 있는 까닭은 만물처럼 스스로 음양의 조화를 이루며 생성된 것이 아니기 때문이다. 스스로 생겨난 것이 아니니 스스로 소멸될 수 없다. 영구불멸의 도와 그 삶을 같이 한다. 그러므로 천지가 장구하게 생존할 수 있는 것이다.

그리하여 성인은 만물이 경쟁하듯이 스스로 높은 곳에 오르려 애를 쓰지 않는다. 천지가 스스로 생겨나지 않아 장구한 것처럼 성인은 사람들의 마음을 얻어 그들의 뜻에 의해 높은 곳에 오르기를 원한다. 사람들의 앞에 서지 않고 뒤에 섬으로써 사람들로 하여금 자신을 앞세우게 하고 사람들의 중심에 서지 않고 밖에 처신함으로써 자신의 존재를 돋보이게 한다. 스스로 자신을 내세우지 않았으므로 오래 지속될 수 있고 스스로 사욕을 앞세우지 않았으므로 원하는 바를 이룰 수 있게 되는 것 아니겠는가?

사욕이 없다는 것은 자신에게 무위를 행하는 것을 의미한다. 자신에게 무위를 행함으로써 민심을 얻어 만민의 앞에 서게 되고 자신을 특별하고 귀한 존재가 되도록 하였다. 사적인 것을 버렸으므로 오히려 사적인 것을 이룰 수 있게 된 것이다.

제 8 장

上善若水。

水善利萬物而不爭, 處衆人之所惡, 故幾於道。

居善地, 心善淵, 與善仁, 言善信, 正善治, 事善能, 動善時。

夫唯不爭, 故無尤。

[해석]

상선(上善)은 물과 같다. 물은 항상 만물을 이롭게 하고 만물과 더불어 다투는 일이 없다. 모든 사람들이 싫어하는 곳에까지 들어가기를 마다하지 않는다. 그러므로 물은 거의 도에 가깝다. 거처하는 것의 상선은 땅이고 마음가짐의 상선은 연못이고 베푸는 것의 상선은 인이고 말하는 것의 상선은 믿음이고 공정한 것의 상선은 정치이고 일하는 것의 상선은 능력이고 움직이는 것의 상선은 때를 잃지 않는 것이다. 무릇 오직 다투려 하지 않으니 과오를 남기지 않는다.

[주석]

기(幾): 거의 ~에 가깝다의 뜻임.

오(惡): 싫어하다. 미워하다의 뜻임.

우(尤): 과실. 허물을 뜻함.

[해설]

선이란 무엇인가? 선은 도를 따르는 마음이다. 도를 본받아 자연에 가까워지는 품성을 선이라고 한다. 악과 대비되는 선이 아니다. 순수하게 자연과 가까워지려는 마음이다. 그 선이 최고에 다다르면 만물 중의 물과 가장 가깝게 된다. 그것을 가장 높은 단계의 선이라고 하여 상선(上善)이라고 한다. 상선은 물과 같다. 도가 어느 곳에든 존재하며 만물의 생성을 돕듯이 물도 만물을 이롭게 하고 만물과 다투지 않는다. 모든 사람이 싫어하는 곳까지 들어가는 것을 마다하지 않는다. 그러므로 물은 거의 도에 가깝다. 도에 가장 가까운 것이 만물 중의 물이고 물에 가장 가까운 것이 인간의 상선이다.

물과 같이 항상 낮은 곳에 자리하니 거처하는 것의 상선은 땅이다. 물처럼 깊고 고요하니 마음가짐의 상선은 연못이다. 물처럼 만물을 이롭게 하니 베푸는 것의 상선은 인이다. 물처럼 막으면 정지하고 풀면 흐르고 항상 기대를 저버리지 않으니 말하는 것의 상선은 믿음이다. 물처럼 항상 같은 높이로 수평을 이루니 공정함의 상선은 정치이다. 물처럼 만나는 물체에 맞추어 형체를 만들고 끊임없이 일하니 일하는 것의 상선은 능력이다. 물처럼 겨울에는 응축되고 봄이면 녹아서 흩어지니 움직이는 것의 상선은 때를 놓치지 않는 것이다. 물은 오직 다투지 않으므로 허물을 남기지 않는다. 보통의 선은 물의 경지에는 이르지 못한다. 보통의 선은 모든 불선을 용서하지는 못한다. 꾸준히 노력하여 물과 같은 상선의 경지에 이르면 자연의 순리를 따라 행동하게 되니 모든 만물과 다투지 않고 허물을 남기지 않게 될 것이다.

제 9 장

持而盈之, 不如其已。
揣而銳之, 不可長保。
金玉滿堂, 莫之能守。
富貴而驕, 自遺其咎。
功遂身退, 天之道也。

[해석]

계속 채우려 하는 것은 그만두느니만 못하고 날카롭게 연마하려 애써도 오래가지 못한다. 금과 옥이 집안에 가득해도 지키기 어렵다. 부귀를 얻었다하여 교만하게 되면 스스로 허물을 남기게 된다. 공을 이루었으면 물러나는 것이 하늘의 도이다.

[주석]

지(持): 넘치지 않게 옆을 더 세워 보강하는 것을 의미함.
불여기이(不如其已): 그 일을 그만 두는 것이 좋다는 의미.
취(揣): 일이 잘못되지 않도록 신경 써서 열심히 노력하는 것을 의미함.

[해설]

얻는 것을 이익으로 생각하고 잃는 것은 손해로만 생각하면 당연히 버려야 할 것을 버리지 못하고 버리는 것을 실패로 생각한다. 이러한 사람은 버릴 것을 붙잡고 있으니 소중한 것이 들어올 수 없다. 열심히 연마하여 세운 날카로운 위세도 오래가지 못하고 결국은 무디어지고 마음의 칼을 갈아 의지의 날을 세워도 위세는 횃불과 같아서 어두운 밤에 높이 들면 멀리까지 보이지만 시간이 지날수록 불이 약해지는 것을 막을 수 없다. 따라서 계속 채우려 하는 것은 그만 두느니만 못하다.

금과 옥이 집안에 가득해도 지켜질 수 있는 것이 아니다. 유와 무와 같은 곳에서 생겨난 다른 이름이듯이 가득 채우는 것과 비워지는 것은 연결된 하나이다. 달이 차면 이지러지는 것과 같은 이치이다. 재물은 화를 동반하는 것이니 순리를 거스르면 몸을 상하게 된다.

부귀를 얻었다 하여 교만하면 스스로 허물을 남기게 된다. 재물은 몸을 해치고 영예는 정신을 오염시킨다. 공을 세우고 이름을 날리면 필히 위험도 같이 따르는 것이다. 그러므로 어느 정도 공을 이루었으면 물러나는 것이 하늘의 도이다. 옛날의 성인은 부귀를 대하기를 산에 올라가 먼 곳을 바라보듯 담담하게 대하고 영예를 대할 때는 벼락을 피하려고 뛰어가 숨듯이 두려워하고 조심하였다.

제 10 장

載營魄抱一, 能無離乎。
專氣致柔, 能嬰兒乎。
滌除玄覽, 能無疵乎。
愛民治國, 能無為乎。
天門開闔, 能為雌乎。
明白四達, 能無知乎。
生之畜之。生而不有, 為而不恃, 長而不宰, 是謂 玄德。

[해석]

백에 혼을 실어 하나로 감싸면 혼백이 하나가 되어 떨어질 수 없다. 부여받은 기의 부드러움을 극대화하면 아기로 태어날 수 있다. 깨끗이 씻어서 오염된 것을 없애고 만물을 잘 살피니 잘못되는 일이 없다. 백성을 아끼는 마음으로 나라를 다스리면 무위를 행할 수 있다. 하늘의 문을 열고 닫히는 위기가 닥쳐도 도를 본받아 모성의 부드러움으로 감쌀 수 있다. 온 천하를 통달하여도 무지의 도를 지킬 수 있다. 낳고 또한 길러 주었다. 낳고도 소유하지 않고 위하지만 의존하지 않고 기르고도 주재하려 하지 않는다. 이를 가리켜 현덕(玄德)이라고 한다.

[주석]

재(載): 싣다. 태우다의 뜻임.
영백(營魄): 혼백(魂魄)을 뜻함.
전(專): 오로지 전문으로의 뜻으로 여기에서는 아기를 위하여 특별히 부여된 것으로 해석함.
현람(玄覽): 깊게 살피다의 뜻임. 거울에 비추어 보듯 차분히 살핀다는 의미임.
자(疵): 하자. 잘못된 것을 뜻함.
천문개합(天門開闔): 북쪽 끝의 자미궁의 문을 열고 닫는다는 말로 천하의 모든 일을 움직일 만큼 큰 일이 일어난다는 의미임. 큰 난국을 평정하거나 천하의 주인이 바뀌는 것을 의미함.
사달(四達): 온 세상을 두루 사통팔달하여 두루 알고 있음을 의미함.
자(雌): 암컷. 여성. 모성을 의미함.
현덕(玄德) : 검은색 현은 하늘을 의미하고 누른색의 황(黃)은 땅을 의미함. 현덕은 하늘과 같이 큰 덕이라는 뜻임.

[해설]

백은 몸이고 혼은 정신이다. 백은 음이고 혼은 양이다. 음과 양이 조화를 이루어 만물을 생성하듯이 몸에 정신을 실어서 도로써 감싸면 몸과 정신이 하나가 되어 서로 떨어지지 않는다. 도로부터 본성을 부여받고 사람이 태어나는 것도 이와 같다. 도로부터 특별히 본성의 기를 부여받고 부드러움의 극대화를 이루면 아기로 태어나는 것이다. 순수한 기를 극대화하여 태어난 아기는 성장하면서 세속에 오염되고 의지를 키우면서 기를 사용한다. 세속으로부터 오염되는 더러운 것을 깨끗이 씻어 순수한 기를 보존해야 잘못되지 않고 도의 본성을 오래 간직할 수 있다.

백성을 아끼는 마음으로 나라를 다스리면 무위를 행할 수 있다. 하늘의 문이 열리고 닫히는 위기가 닥쳐도 함부로 앞에 나서는 웅(雄)의 강대함으로 행동하지 않는다. 때를 기다려 천명을 얻고 도를 행하는 자(雌)의 유약함으로 어머니의 역할을 한다. 성인은 온 천하를 명백하게 통달하였음에도 세속의 지혜를 멀리하고 무지의 깨우침으로 도를 지켜나간다.

도가 만물을 낳고 덕이 만물을 길러주었지만 낳고도 소유하지 않고 모든 것을 베풀고도 의존하려 하지 않고 성장하도록 기르고도 주재하여 간섭하지 않으니 만물을 길러낸 도의 덕이 하늘과 같이 크고 연못처럼 심오하다. 이처럼 도의 덕이 크고 심오함을 가리켜 현덕(玄德)이라고 한다.

제11장

三十輻, 共一轂, 當其無, 有車之用。
埏埴以為器, 當其無, 有器之用。
鑿戶牖以為室, 當其無, 有室之用。
故有之以為利, 無之以為用。

[해석]

서른 개의 바퀴살이 하나의 바퀴통에 끼워지는 것은 바퀴통이 비어 있기 때문이며 바퀴통이 비어 있기 때문에 수레바퀴로 사용되는 것이다. 흙을 빚어 만든 그릇이 그릇이 될 수 있는 것은 가운데가 비어 있기 때문이며 그 비어 있는 부분이 있어 그릇으로 사용하는 것이다. 문과 창을 내어 방이 될 수 있는 것은 가운데가 비어 있기 때문이며 그 비어 있는 공간이 있어 방으로 사용하는 것이다. 그러므로 유를 이로운 것으로 생각하고 무를 유용한 것으로 생각한다.

[주석]

곡(轂): 수레바퀴통.
선식(埏): (그릇을 만드는)점토를 이기는 것.
당(當): ~이 되다. ~을 하다의 의미임.

유(有): ~해 있다. ~되어 있다의 뜻임.
착호유(鑿戶牖): 착은 구멍을 뚫는다는 뜻임. 문과 창을 달기 위해 구멍을 내는 고대의 건축방식에서 나온 말임. 호는 한쪽 문, 유는 창문을 뜻함.

[해설]

수레바퀴의 바퀴통에는 서른 개의 바퀴살이 끼워진다. 바퀴통이 비어 있어 바퀴살을 끼울 수 있으므로 수레바퀴를 완성하여 수레를 사용할 수 있다. 무가 있어 유가 완성되는 것이다. 흙을 빚어서 만든 그릇이 그릇으로 사용될 수 있는 것은 가운데가 비어 있기 때문이다. 비어 있는 부분이 있으므로 그릇으로 사용할 수 있다. 문과 창을 내어 방이 될 수 있는 것은 가운데가 비어 있기 때문이다. 가운데가 비어 있으므로 방으로 사용할 수 있다. 유를 만들어 무를 사용하는 것이다. 그리하여 사람들은 수레, 그릇, 방과 같은 유를 유익한 것으로 생각하고 바퀴통, 그릇, 방의 비어 있는 무를 사용할 수 있는 것으로 생각한다. 그러므로 유를 이로운 것이라고 하고 무를 유용한 것이라고 하였다.

무와 유는 따로 떼어서 존재할 수 없다. 어느 한편으로만 바라보는 세상은 바른 것이라 할 수 없다. 허상일 뿐이다. 무가 있어 유가 존재할 수 있고 유가 있어 무가 돋보이는 것이다. 선과 악이 그러하고 귀하고 천한 것이 그러하다. 무의 끝과 유의 시작이 서로 이어진 하나이므로 태어남은 죽음의 시작이고 죽음은 새로운 삶의 시작이다. 음과 양이 조화를 이루고 무와 유가 이어져 돌아가므로 우주만물이 멈추지 않고 지속되는 것이다.

제 12 장

五色令人目盲, 五音令人耳聾, 五味令人口爽, 馳騁畋獵令人心發狂, 難得之貨令人行妨。
是以聖人為腹不為目, 故去彼取此。

[해석]

세속의 오색은 사람들의 눈을 멀게 하고 세속의 오음은 사람들의 귀를 멀게 하며 세속의 오미는 사람들의 혀를 마비시켜 맛을 보지 못하게 하였으며 말을 달려 수렵하는 것은 사람들로 하여금 광분하는 마음을 일으키고 얻기 어려운 귀한 재화는 사람들의 마음을 탐욕으로 손상시킨다. 그리하여 성인은 배를 채워 실속을 꾀하고 눈으로 욕망을 찾지 않는다. 눈에 보이는 저것을 버리고 내 안의 이것을 취한다.

[주석]

상(爽): 맛을 느끼지 못하게 멍해지다. 마비되다의 뜻임.
치빙(馳騁): 말 타고 달리다의 뜻임.
전렵(畋獵): 사냥. 수렵을 의미함. 전렵(田獵)과 같이 쓰임.
난득지화(難得之貨): 얻기 어려운 재화. 금은보화를 뜻함.
방(妨): 해를 끼치다. 손상시키다. 다른 사람에게 해를 끼친다는의미임.
오색(五色): 청(靑), 황(黃), 적(赤), 백(白), 흑(黑)

오음(五音): 궁(宮), 상(商), 각(角), 치(徵), 우(羽)
오미(五味): 산(酸), 함(鹹), 신(辛), 감(甘), 고(苦)
신맛, 짠맛, 매운맛, 단맛, 쓴맛의 다섯 가지 맛임.
위복(爲腹): 배를 채우다. 배를 채워 만족한다. 만족을 안에서 구한다는 의미임.
위목(爲目): 눈으로 만족을 찾는다. 욕망을 밖에서 구한다는 의미임.

[해설]

옛 사람들은 도와 자연을 따르고 세속의 통념에 얽매이지 않았으므로 좋고 나쁜 것을 가리거나 선악을 구별하려 하지 않았다. 달고 쓴맛을 좋은 맛과 나쁜 맛으로 구분하지 않았으며 옥과 보통의 돌을 귀한 돌과 천한 돌로 구별하지 않았다. 태고의 순수한 본성이 지금에는 세속의 통념으로 오염되었다. 그리하여 자신의 생각으로 생각하지 못하고 자신의 미각으로 맛보지 못하며 자신의 눈으로 보지 못하고 자신의 귀로 듣지 못하게 되었다. 도가 약해지고 스스로의 본성을 잃었기 때문이다.

인위적으로 정해진 세속의 오색을 좋아함으로써 자신들의 눈을 멀게 하여 자연의 색을 바르게 구별하지 못한다. 인위적으로 만들어진 오음에 길들여져 자연의 많은 소리를 듣지 못하고 정해진 소리만 듣는다. 인위적으로 구분되는 다섯 가지 맛에 익숙해진 혀는 자연의 섬세한 맛을 느끼지 못한다. 말을 달려 수렵하는 광분한 마음은 이미 통제할 수 없는 지경에 이르러 자신의 마음이 도를 떠난 것을 알지 못한다. 구하기 어려운 금은보화를 탐하는 마음은 사람들의 마음을 사악하게 하여 다른 사람을 해치는 지경에 이르렀다. 이렇듯 몸과 마음이 자연의 순수함과 도의 순박한 본성을 잃게 되니 사람들은 좋은 소리만 들으려 하고 좋은 맛에만 탐닉하고 입은 하고 싶은 대로 놀리니 망언을 일삼고 세상을 바르게 보지 못한다. 정신을 흩뜨리며 광분하는 것을 뒤쫓고 귀한 재물을 탐하는 마음이 다른 사람을 해하니 결국에는 자신을 욕되게 하고 덕을 잃게 된다.

이리하여 성인은 눈에 보이는 욕망을 구하려 하지 않고 배를 채워 실속을 꾀한다. 함부로 보지 않고 함부로 듣지 않으며 함부로 말하지 않는 것을 자연과 도에 가까이 가는 것으로 생각하여 자신을 엄하게 다스린다. 밖에서 구하는 만족은 자신을 해치는 길이고 자신의 안에서 구하여 실속을 찾는 것이 자신을 구하고 본성을 보존하는 길이라 생각한다. 그리하여 눈에 보이는 헛된 것을 버리고 사람들이 버려두고 있는 내 안의 본성을 되찾으려고 노력한다.

제 13 장

寵辱若驚, 貴大患若身。

何謂寵辱若驚。

寵為下, 得之若驚, 失之若驚, 是謂寵辱若驚。

何謂貴大患若身。

吾所以有大患者, 為吾有身, 及吾無身, 吾有何患 。

故貴以身 為天下, 若可寄天下。愛以身為天下, 若可托天下。

[해석]

총애를 받아도 놀라고 욕을 당해도 놀라는 것 같다. 큰 우환을 마치 자신의 몸처럼 중요시한다. 어찌하여 총애를 받아도 놀라고 욕을 당해도 놀라는 것인가? 총애는 아랫사람에게 내리는 것이므로 총애를 받지 못하던 사람은 총애를 받으면 놀라게 되고 총애를 받던 사람이 총애를 잃으면 또한 놀라게 된다. 그래서 총애를 받는 사람도 놀라고 욕을 당하는 사람도 놀라는 것 같다. 어찌하여 큰 우환을 내 몸처럼 중시하는가? 내가 큰 우환을 갖는 까닭은 내가 나 자신을 붙잡고 있기 때문이다. 내가 나 자신을 갖고 있지 않으면 나에게 무슨 우환이 있겠는가? 그러므로 천하를 위하는 만큼 자신을 귀하게 여기면 그에게 천하를 맡겨도 될 것이며 천하를 위하는 만큼 자신을 아낀다면 그에게 천하를 위탁해도 무방할 것이다.

[주석]

총욕(寵辱): 총애와 욕됨. 명예와 불명예.
귀대환약신(貴大患若身): 고어에서 나타나는 어순으로 자신을 중요시하기를 마치 큰 우환을 걱정하듯이 한다는 말과 같은 의미임. 이 말을 바꾸어서 귀신약대환(貴身若大患)으로 바꾸어 쓸 수 있 음. 그대로 직역한다면 큰 우환을 중시하기를 자신과 같게 생각한다고 해석함.
기(寄): 맡기다. 기탁하다의 의미임.
탁(託): 맡기다. 위탁하여 관리하다의 의미임.

[해설]

옛날 현명한 사람은 총애를 받아 벼슬을 받으면 총애를 잃어서 치욕을 당하는 것처럼 놀랐다. 총애를 받는다는 것은 욕됨의 시작이라는 것을 알기 때문이다. 따라서 자신을 귀중하게 생각하는 만큼 앞으로 닥칠 우환 또한 크게 생각한다. 많은 사람들이 자신을 지나치게 중시하기 때문에 모든 우환이 자신에게 닥칠 것처럼 걱정하고 놀라는 것이다. 총애를 마음에서 버리면 치욕을 만나지 않게 되고 자신을 마음에서 잊으면 우환이 닿지 않게 된다. 자신을 귀하게 생각하고 자신에게 집착하니 총애를 받아도 놀라고 치욕을 받아도 놀라는 것이다. 항상 큰 우환이 자신에게 닥칠 것을 걱정하는 것은 나 스스로 나 자신을 버리지 못하고 붙잡고 있기 때문이다. 나 자신이 비워지고 없다면 나에게 무슨 우환이 있을 수 있겠는가?

그러므로 천하를 위하는 만큼 자신을 귀하게 생각한다면 그에게 천하를 맡겨도 될 것이며 천하를 위하는 만큼 자신을 아끼는 사람이라면 그에게 천하를 위탁하여 관리하도록 하여도 무방할 것이다. 진정으로 자신을 소중히 여기는 사람은 세속의 일에 탐닉하여 자신의 타고난 본성을 손상시키지 않는다. 무위를 행하고 함부로 사람들을 욕보이려 하지 않는다. 이러한 군주에게 총애를 받는 사람은 욕을 당할 것을 염려하여 놀라는 일이 없을 것이다. 옛날 순임금이 천자와 친구로 지내면서 무한한 총애를 받았으나 변함없이 자신을 지킴으로써 모든 사람으로부터 존경을 받았다. 총애를 받아도 그 총애를 자신에게 두지 않고 귀해져도 그 존귀함을 자신에게 두지 않았으므로 모든 사람들로부터 존경을 받을 수 있었다. 자신을 버리고 진정한 자신의 존귀함을 천하에서 찾는다면 천하는 그를 군주로 받들고 의지하려 할 것이다.

제 14 장

視之不見, 名曰夷。
聽之不聞, 名曰希。
搏之不得, 名曰微。
此三者不可致詰, 故混而為一。
其上不皦, 其下不昧。
繩繩兮不可名, 複歸於無物。
是謂無狀之狀, 無物之象, 是謂惚恍。
迎之不見其首, 隨之不見其後。
執古之道, 以御今之有。能知古始, 是謂道紀。

[해석]

도의 모습은 보려고 해도 잘 보이지 않으니 평이하다는 의미로 이(夷)라고 부른다. 도의 소리는 들으려 해도 들리지 않으니 희박하다는 의미로 희(希)라고 부른다. 도의 형체는 잡으려 해도 잡히지 않으니 미세하다는 의미로 미(微)라고 부른다. 이 세 가지는 끝까지 따져 보아도 끝이 나지 않는다. 그러므로 하나로 합쳐서 생각하는 편이 낫다. 위는 밝지 않고 아래쪽은 어둡지 않다. 계속 이어지니 하나로 이름 짓기도 어렵다. 만물생성 이전의 상태로 되돌아간다. 이것을 모양이 없는 형상이라 하고 물체 없는 형상이라고 한다. 있는 듯하기도 하고 없는 듯하기도 하여 홀황이라고 한다. 앞에서 맞이해도 앞을 볼 수 없고 뒤를 따라도 뒤를 볼 수 없다. 옛날의 도를 파악함으로써 지금의 일들을 다스린다. 현재에도 태고시절 천지만물의 시작을 알 수 있으니 이것을 도의 기율이라고 한다.

[주석]

이(夷): 눈에 띄지 않게 아주 평이하다는 의미임.
치힐(致詰): 끝까지 파고들어 원리를 밝힌다는 뜻임.
기상불교 기하불매(其上不皦 其下不昧) : 스스로 빛을 내어 나타 내지 않고 천상천하 어느 곳에나 조용히 존재한다는 의미임.
승승(繩繩): 실이 끊어지지 않고 계속 연결되는 모양을 표현한 말임.
무물(無物): 눈에 보이는 물체가 없는 상태를 의미함. 기의 상태를 표현한 것으로도 해석 함.
도기(道紀): 도의 기원 또는 도의 기율, 기강으로 해석함.

[해설]

도의 모습은 눈으로 보아서는 볼 수가 없다. 눈에 띄지 않고 무색으로 밋밋하다고 하여 이(夷)라고 부른다. 도의 소리는 귀로 들어서는 들을 수 없다. 희박하여 잘 들리지 않는다는 뜻으로 희(希)라고 부른다. 도의 형체는 손으로 잡아서는 촉감을 느낄 수 없다. 아주 작아서 미세하다는 뜻으로 미(微)라고 부른다. 이 세 가지는 아무리 따져보아도 알기 어려우니 차라리 보고 듣고 느껴지는 것을 합하여 하나로 생각하는 것이 편하다. 천상이라고 하여 밝지도 않고 천하라 하여 어둡지도 않다. 계속 이어지니 하나로 떼어 이름을 짓기도 어렵다. 무엇이라고 말할 수 없다. 만물 생성 이전의 무의 상태로 되돌아간다. 이러한 상태를 모양이 없는 형상이라고 하고 실체 없는 형상이라고도 한다. 완전한 무는 아닌데 물체가 보이지 않는다. 무엇인가 있는 것 같기도 하고 없는 것 같기도 하다. 없다고 말하고자 하면 만물이 만들어지고 있다고 말하고자 하면 형체를 볼 수가 없다. 유라고도 할 수 없고 무라고도 할 수도 없다. 이러한 모습을 홀황이라고 하였다. 줄줄이 연결되어 앞에서 맞이해도 앞을 볼 수 없고 뒤를 따라가도 뒤를 볼 수 없다.

앞뒤로 연결된 도의 모습처럼 옛날에 존재했던 도가 지금에도 존재하고 지금의 도가 태고시대에도 존재하였을 것이다. 그리하여 비록 옛날의 도를 아는 것으로도 지금의 일들을 다스릴 수 있고 현재를 증거 삼아 태고시대의 도를 알고 만물의 시작을 알 수 있을 것이다. 이러한 것을 변함없는 도의 기율이라고 한다.

제 15 장

古之善為士者, 微妙玄通, 深不可識。

夫唯不可識, 故強為之容。

豫兮若冬涉川, 猶兮若畏四鄰, 儼兮其若客,

渙兮若冰之將釋, 敦兮其若樸, 曠兮其若谷, 渾兮其若濁 。

孰能濁以靜之徐清, 孰能安以動之徐生。

保此道者不欲盈。

夫唯不盈, 故能敝不新成。

[해석]

옛날 도를 체득한 훌륭한 선비는 미묘하고도 현통하여 그 깊이를 알기가 어렵다. 무릇 도저히 알 수가 없으니 억지로라도 그 모습을 형용해 보고자 한다. 옛 성현들의 행동은 코끼리처럼 주저하는 것이 마치 겨울에 냇물을 건너는 것처럼 조심스러워 보이고 개가 초행길을 가듯 세심히 살피는 것은 마치 사방의 이웃나라를 무서워하는 것처럼 보이고 몸가짐은 근엄하여 마치 다른 집을 방문한 손님처럼 보이며 밝은 모습은 마치 얼음이 녹듯이 풀어지는 것처럼 보이고 성실하고 돈독한 마음은 마치 자연의 순박한 통나무와 같고 탁 트인 넓은 인품은 마치 산골짜기와 같이 그윽하고 사람들과 섞여 같이 어울리는 것은 마치 탁한 물처럼 보인다. 탁한 것을 조용히 놓아두면 서서히 맑게 된다는 것은 누가 할 수 있겠는가. 움직이지 않는 본성을 움직여 서서히 살아나게 하는 것을 누가 할 수 있겠는가? 이러한 도를 지키는 사람은 가득 채우려 하지 않는다. 무릇 오직 채우려 하지 않으니 더 이상 필요하지 않고 옛 것에 만족하니 새로이 이룰 필요가 없다.

[주석]

선위자(善爲者): 훌륭한 사람 또는 수도자.
예혜(豫兮): 예는 코끼리과에 속하는 동물임. 코끼리는 예지 능력이 있는 것으로 전해지며 가다가도 망설이고 주저하는 특징이 있음. 예혜는 코끼리와 같이 조심스러운 모양을 뜻하는 말임.
유혜(猶兮): 중국 신강 동쪽 지방의 개를 유라고 부른다. 유혜는 개가 처음 가는 길에서 세심하게 살피며 가는 모양을 뜻하는 말임.
엄혜(儼兮): 엄숙하고 의젓한 몸가짐을 뜻함.
환혜(渙兮): 흩어진 모양. 분산되어 모든 것을 잃는 모양을 의미함.
돈혜(敦兮): 돈독하고 성실한 모양을 의미함.
폐부신성(敝不新成): 낡은 것을 옛 것이라 하여 바꾸지 않으니 새로운 것을 다시 이룰 필요가 없다는 의미임. 낡은 옛 것은 도로부터 부여받은 본성 또는 변함없는 성인의 몸가짐을 의미함.

[해설]

도를 체득한 사람은 도가 심오하여 알 수 없는 것처럼 겉모습을 보고 그 깊이를 짐작하기 어렵다. 예지 능력이 있다고 알려진 코끼리처럼 가다가도 망설이고 주저하여 마치 겨울에 얼어 있는 냇물을 건너는 것처럼 조심스러워 보이고 개가 낯선 길을 갈 때 주위를 살피고 되돌아왔다가 다시 가는 것처럼 머뭇거리는 모습이 마치 사방이 적국으로 둘러싸인 곳을 지나는 사람처럼 보인다. 몸가짐을 조심하고 근엄하게 처신하는 것은 마치 남의 집을 방문한 손님처럼 보이지만 맑은 얼굴은 얼음이 녹듯 풀어질 것처럼 보인다. 성실하고 돈독한 마음은 자연의 통나무와 같이 순박하고 탁 트인 넓은 인품은 깊은 산골짜기처럼 그윽하다. 하지만 사람들과 잘 어울릴 때의 모습은 탁한 물처럼 보인다.

이상 일곱 가지가 도를 체득한 성인의 용모를 묘사한 말이다. 자기 자신을 수양하여 몸가짐을 조심하면서도 사람들과 어울리는 것을 꺼리지 않는다. 대중과 같이 하면서도 도의 본성을 잃지 않는다. 탁한 물을 조용히 놓아두면 서서히 맑아질 수 있다는 사실을 알고 있다. 움직이지 않는 본성을 움직여 서서히 살아나게 할 수 있다는 사실도 알고 있다. 이렇듯 도를 지키는 성인은 자신의 욕망을 가득 채우려하지 않는다. 무릇 오직 채우려 하지 않으니 새로이 필요한 것이 없고 옛 것에 만족하니 새로이 이룰 필요가 없다. 탁한 물도 놓아두면 맑아지고 움직이지 않는 본성도 평정심을 되찾고 고요함을 지키면 다시 살아날 수 있다는 것을 알기 때문이다.

제 16 장

致虛極, 守靜篤, 萬物竝作, 吾以觀其復。
夫物芸芸, 各復歸其根。
歸根曰靜, 是謂復命。
復命曰常, 知常曰明。不知常, 妄作凶。
知常容, 容乃公, 公乃王, 王乃天, 天乃道, 道乃久,
沒身不殆。

[해석]

마음을 완전히 비우고 마음속의 고요함을 충실히 지키면 만물이 모두 같이 일어나 원래 생겨난 곳으로 되돌아가는 것을 나는 보아서 알고 있다. 무릇 만물은 왕성하고 나면 각각 그 근원을 찾아 되돌아간다. 근본으로 되돌아가는 것을 정(靜)이라고 하고, 이것을 복명(復命)이라고 한다. 복명을 영구불변의 상(常)이라고 하고 상을 아는 것을 명(明)이라고 한다. 상을 알지 못하면 함부로 행동하여 화를 부르게 된다. 상을 알면 포용력이 커지고 포용력이 커지면 공정무사하게 되고 공정무사이면 왕이 될 자격이 있게 되고 왕이 되면 하늘과 통하고 하늘과 통하면 하늘의 도를 얻는다. 도를 얻으면 영구불멸이니 비록 죽어서 몸은 다하여도 본성은 위태롭지 않고 남아서 오래 보존될 것이다.

[주석]

치허극(致虛極): 자신의 마음을 완전히 비워서 허무의 극치에 도달한다라는 의미임.
수정독(守靜篤): 도의 고요함을 충실히 지켜낸다는 의미임.
운운(芸芸): 왕성한 모양을 표현한 말임.
상(常): 상도. 상명과 같은 뜻으로 변함없는 도의 영원한 행위를 의미함.
흉(凶): 화를 부르는 것을 의미함.
용(容): 관용. 포용을 뜻함.
몰신(沒身): 몸이 수명을 다하는 것. 죽음을 뜻함.

[해설]

상(常)은 도의 행위를 의미한다. 도의 행위 중 가장 중요한 것은 근본으로 되돌아가는 것이다. 만물도 왕성해지고 나면 스스로 근본을 찾아 되돌아간다.

근본으로 되돌아감으로써 도의 명을 받고 본성을 부여받아 다시 태어난다.

허의 극치를 이루어 마음을 완전히 비우고 고요함을 충실히 지키면 만물은 모두 태어났던 곳으로 되돌아갈 수 있는 상태가 된다. 이러한 상태를 정(靜)이라고 하고 근본으로 되돌아가서 본성을 부여받고 명을 받아 새롭게 태어나는 것을 복명(復命)이라고 한다. 복명 또한 도의 규율 하에 지속되는 행위이므로 이를 상(常)이라 하고 상을 아는 것을 명(明)이라고 한다. 상을 아는 사람은 도를 아는 사람이니 위태롭지 않지만 상을 알지 못하는 사람은 만물의 근본적인 운행을 알지 못하는 사람이니 경거망동하고 화를 당하기 쉽다.

상을 알면 도를 알고 만물의 모든 행위를 이해하니 포용하지 못하는 것이 없게 된다. 모든 것을 포용하면 공정무사하게 되고 공정무사한 사람은 왕이 될 자격이 있다. 민심을 얻어 왕이 되면 하늘과 통하고 천심을 얻어 도와 하나가 되면 도와 함께 영원하게 된다. 몸이 죽더라도 본성은 위태로워지지 않고 오래 보전될 것이다.

제 17 장

太上, 下知有之。
其次親而譽之, 其次畏之, 其次侮之。
信不足焉, 有不信焉。
猶兮其貴言, 功成事遂, 百姓皆謂我自然。

[해석]

최상의 군주는 아랫사람들이 군주의 존재를 아는 정도이다. 그 다음은 백성들을 가까이 하니 그 인자함이 널리 알려져 명예가 드높은 군주이다. 그 다음은 백성을 엄하게 다스려서 백성들이 두려워하는 군주이다. 그 다음은 많은 법령으로 백성을 번거롭게 하여 군주를 믿지 못하고 업신여기는 것이다. 군주에 대한 믿음이 부족하면 백성들은 군주를 신임하지 못한다. 훌륭한 군주는 항상 말하는 것을 신중히 하여 함부로 영을 내리지 않는다. 그리하여도 공이 이루어지고 만사가 순조롭게 풀린다. 백성들은 모두 우리 스스로 하다 보니 그리되었다고 말한다.

[주석]

태상(太上): 최상. 가장 좋은 것이라는 의미임.

하(下): 아랫사람. 백성을 뜻함. 왕필본에는 부(不)로 표기함.
친이예(親而譽): 친근하게 하여 명예가 높다는 의미임.
모(侮): 무시하다. 경멸하다의 의미임.
귀언(貴言): 말하는 것에 신중을 기한다. 함부로 말하지 않는다는 뜻임. 여기에서는 함부로 영을 내리지 않는다는 의미임.
아자연(我自然): 내가 스스로 하니 그렇게 되었다는 의미임.
유혜(猶兮): 하상공본에서는 개의 걸음걸이처럼 신중하다는 뜻으로 해석하고 왕필본에서는 유혜(悠兮)를 써서 유유히 무위를 행한다는 뜻으로 해석하였음.

[해설]

가장 좋은 군주는 백성들이 그 나라에 군주가 존재한다는 정도만 알고 더 이상 관심을 갖지 않는 그러한 군주이다. 백성들을 자식처럼 아끼지만 일일이 간섭하여 백성들을 번잡하게 하지 않고 무위로 다스리는 군주를 말한다. 그 다음으로 좋은 군주는 백성을 친근하게 대함으로써 그 인자함이 만천하에 알려지고 명예가 드높은 군주이다. 그 다음은 엄한 형법으로 백성들을 다스림으로써 백성들에게 두려운 존재로 군림하는 군주이다. 그 다음은 수많은 법령으로 백성들을 번거롭게 하여 국가에서 내리는 령을 지긋지긋하게 생각하고 국가를 믿지 않으며 종국에는 군주를 업신여기고 경멸하는 경우이다. 정리한다면 가장 좋은 것이 무위로 다스리는 도의 정치이고 두 번째가 자애로움으로 다스리는 인의 정치이며 셋째가 법으로 다스리는 법치이고 네 번째가 수많은 법령이 수시로 변하여 백성을 괴롭히는 지혜의 정치이다. 즉 도를 외면하고 세속적인 지식에 의존하여 교묘한 계책으로 다스리는 정치가 최하의 정치이다.

통치자에 대한 믿음이 부족하면 백성들은 그 군주를 신임하지 않는다. 군주는 이를 극복하기 위하여 백성들에게 가까이 다가가서 인과 의로 다스리고 그것으로 부족하면 법으로 다스리고 마지막으로는 모든 지혜를 동원하여 잡다한 수단과 방법으로 백성을 다스리게 된다. 그러나 일단 훌륭한 군주는 말을 신중히 하여 함부로 영을 내리지 않는다. 무위로 다스려도 공이 이루어지고 만사가 순조롭게 이루어진다. 백성들은 이것을 알지 못하고 우리 스스로 하다 보니 그렇게 되었다고 말한다.

제 18 장

**大道廢有仁義, 智慧出有大僞, 六親不和有孝慈,
國家昏亂有忠臣。**

[해석]

대도가 황폐하면 인의가 있게 되고 지혜를 내세우면 더 큰 허위를 부르게 된다. 육친이 화목하지 못하면 효자, 효손이 돋보이고 나라가 혼란해진 후에야 비로소 충신을 알아보게 된다.

[주석]

육친(六親): 부(父), 모(母), 형(兄), 제(弟), 처(妻), 자(子)
효자(孝慈): 효자(孝子)와 효손(孝孫) 또는 자손(慈孫)

[해설]

대도가 황폐해지니 군주가 백성들에게 가까이 다가가 자비로운 마음으로 인애를 베풀고 군신간의 의를 강조한다. 도가 살아있을 때에는 군주가 무위를 행하여 백성을 다스렸으므로 부지불식간에 모든 일이 이루어지고 군주의 존재를 특별히 느끼지 못하였다. 그러나 도가 황폐해진 후에는 군주가 직접 나서서 백성들을 자애로움으로 친근히 보살피는 인의 정치를 펼친다. 구주의 이러한 공덕을 만천하에 알리고 백성들로 하여금 군주의 은덕에 보은하여 의를 지킬 것을 요구한다. 옛날의 도의 정치는 백성에게 알리지 않고 조건 없이 베푸는 자애로움이었으나 대도가 황폐한 후로는 그 공을 만천하에 알려 그 명예가 드높다. 도가 살아있을 때에는 법이 있어도 법을 시행할 필요가 없었으나 대도가 황폐한 후 지혜를 숭상하여 수많은 법령이 시행되니 백성들은 순박한 본성을 멀리하고 허위로 대응하여 살 길을 찾는다. 옛날 태평성대에는 모두가 편안하고 도리를 따랐으므로 육친이 서로 화목하고 효자, 효손이 아닌 사람이 드물었다. 그러나 대도가 황폐하여 세상이 각박하니 부모를 잘 모시지 못하는 불효자들이 많아졌다. 그리하여 훌륭한 효자, 효손이 먼 곳까지 알려지게 되었다. 나라가 혼란하니 군주는 간신을 가까이하고 충신을 멀리한다. 모든 사람들이 도리를 지키지 않으니 부득이 충신이 나서서 잘못된 군주를 바로 잡으려 한다. 나라가 혼란하게 된 후에야 비로소 충신의 바른 면모를 알아보게 된다.

해가 중천에 떠있을 때에는 별이 보이지 않듯이 대도가 살아있을 때에는 인의와 효자와 충신이 나타나지 않는다. 자연과 일체가 되면 모든 것이 당연하게 생각되고 옷이 물에 젖을 때에는 물에 젖는 것을 인식하지 못하는 것처럼 도가 살아있을 때에는 도를 인식하지 못한다. 도와 인의·효자·충신 간의 관계가 그러하다.

제 19 장

絕聖棄智, 民利百倍。
絕仁棄義, 民復孝慈。
絕巧棄利, 盜賊無有。
此三者, 以為文不足。
故令有所屬, 見素抱樸, 少私寡欲。

[해석]

성현과 단절하여 지혜로 백성을 다스리려 하는 것을 포기하면 백성이 얻는 이득은 백배로 늘어날 것이다. 군주가 인의 정치를 단절하고 의를 포기한다면 백성들은 다시 효자, 효손이 될 것이다. 군주가 교묘한 수단과 방법으로 다스리는 것을 단절하고 이익을 취할 것을 포기하면 백성들이 도적이 되는 일이 없을 것이다. 이 세 가지는 말로 설득하기에 부족함이 있다. 그러므로 백성들이 속하도록 해야 할 것은 자연그대로의 순박함을 지키고 사적인 욕심을 줄이도록 하는 것이다.

[주석]

문부족(文不足): 글이나 말로써는 부족하다는 의미.
견소(見素): 견은 보아서 알거나 보여서 알게 하다 또는 나타낸다는 뜻임. 소는 염색을 하지 않은 순수한 비단의 원 바탕을 말하는 것임.
포박(抱樸): 자연 상태의 통나무의 순박함을 지킨다는 의미임. 소 와 박의 소박은 문명의 모순으로부터 회귀하여 해답을 찾을 수 있는 원천을 의미함.
소사(少私): 이기심을 줄이는 것임.
과욕(寡欲): 욕심을 적게 갖는 것임.

[해설]

성현의 지혜가 입신양명을 위한 지식 습득의 경쟁으로 변질되어 그로 인한 폐해가 크다. 성현의 지혜를 이해하지 못하고 물질을 통제하는 수단으로 생각한다. 그러므로 성현의 지혜가 세속적으로 사용되는 것을 단절하면 백성들이 안심하고 생업에 종사하여 얻어지는 이득이 백배가 될 것이다.

무위로 백성을 다스리는 도의 정치는 자애로운 인애를 베풀거나 의를 강조할 필요가 없다. 그러나 도가 쇠락하면 인의의 이름으로 목적을 이루고자 하는 군주가 나타나게 된다. 순수한 인의가 위로부터 오염되니 인의를 베풀어도 효자, 효손을 찾아보기 힘들게 된다. 그러므로 세속적인 목적을 갖고 인의를 베푸는 일을 단절하고 무위로 다스리는 도를 회복하면 효자, 효손은 저절로 되돌아오게 된다.

윗사람들이 욕심을 갖고 교묘한 방법으로 부당하게 이득을 취하면 아랫사람들 또한 부당한 방법으로 이득을 취하려 한다. 부당한 방법으로 이득을 취하려 하는 사람들을 도적이라고 한다. 따라서 군주가 욕심을 버리고 교묘한 수단과 방법을 단절시키고 부당한 이득을 취하려는 것을 포기하면 온 천하에 도적이 있을 수 없게 된다.

이 세 가지는 윗사람에게 단절하고 버리라고 하는 것이므로 말로써 설득하기에는 부족함이 있다. 그러므로 백성들을 순수함을 알아서 소박함을 지키게 하고 사욕을 줄이는 자기수양에 예속시킴으로써 도의 순수한 본성을 되찾도록 해야 한다. 견소포박과 소사과욕을 도에 다가가는 첫걸음으로 삼아야한다.

제20장

絶學無憂。
唯之與阿, 相去幾何。善之與惡, 相去若何。
人之所畏, 不可不畏。荒兮其未央哉。
衆人熙熙, 如享太牢, 如春登臺。
我獨泊兮其未兆, 如嬰兒之未孩, 乘乘兮若無所歸。
衆人皆有餘, 而我獨若遺。
我愚人之心也哉, 沌沌兮。
俗人昭昭, 我獨昏昏。
俗人察察, 我獨悶悶。
澹兮其若海, 飂兮若無止。衆人皆有以,
而我獨頑似鄙。我獨異於人, 而貴食母。

[해석]

배우기를 중단하면 걱정으로부터 벗어날 수 있다. "예"라고 하는 것과 "응"이라고 하는 것이 차이가 있다면 얼마만큼 있겠는가? 선과 악이 서로 차이가 있다한들 얼마만큼 차이가 있겠는가? 사람들이 두려워하는 것을 두려워하지 않을 수 없다. 한탄해도 두려움에서 벗어나지 못하니 마음이 요원하고 황막할 뿐이다. 많은 사람들이 맛있는 요리를 즐기는 것처럼 희희낙락하고 봄날에 망루에 올라 경치를 내려다보듯이 즐거워한다. 나 혼자만 조용하여 그런 기분을 느끼지 못하고 마치 아직 웃을 줄도 모르는 갓난아기처럼 보이고 갈 곳 없는 사람처럼 외롭게 보인다. 모든 사람들이 여유 있어 보이는데 나만 홀로 다 잃은 사람처럼 보인다. 나는 어리석은 사람처럼 우둔해 보인다. 사람들은 명쾌한데 나 혼자만 맹맹하다. 세상 사람들은 세심하고 약삭빠른데 나만 혼자 답답하다. 파도치는 소리처럼 허무하고 높은 바람소리가 그치지 않는 것처럼 마음이 허전하다. 모두들 잘하고 있는데 나 혼자만 완고하기가 촌놈과 같다. 나만 유독 사람들과 다른 것 같다. 하지만 나는 아직도 나를 키워주신 내 어머니와 같은 도를 소중하게 생각한다.

[주석]

상거기하(相去幾何): 차이가 얼마나 있겠는가의 뜻. 상거무기(相去無幾)는 차이가 없다는 뜻임.
황(荒) : 황막하다. 황량하고 요원하다의 뜻임.
박(怕): 겁내다. 무서워하다 또는 호수 박(泊)과 같은 뜻으로 고요하다는 뜻임.
해(孩): 아이의 웃음. 웃으면 감정이 움직이기 시작하고 의식이 생긴다는 뜻임.
앙(央): 끝나다. 다하다의 뜻임.
조(兆): 거북이 껍데기의 터진 금으로 점을 보는 길조, 흉조의 의미임.
유(遺): 잃었다는 의미.
돈(沌): 혼돈의 뜻으로 무지를 의미함.
소(昭): 약간 밝은 것을 뜻함.
찰(察): 아주 세심한 것을 뜻함.
완(頑): 중요한 일을 알지 못하는 것. 완고하거나 고집스러운것을 뜻함.
담혜(澹兮): 바닷물이 흔들리는 모양을 뜻함.
요혜(飂兮): 바람 부는 소리를 뜻함.

[해설]

학문을 중단한다는 것이 배울 곳이 마땅치 않아 배움을 그만두는 것이 아니다. 도의 학문은 배움이 없이 배우고 지금까지 쌓아 올린 세속의 지식을 비움으로써 비로소 깨우침을 얻는 것이기 때문이다. 세속의 학문은 경쟁적으로 지식을 쌓는 것이니 남들보다 얻는 것이 적을 것을 걱정하고 얻으면 잃을 것을 걱정하니 한시도 편안할 때가 없게 된다. 사람들이 말하는 학문은 유위를 행하는 학문이다. 그리하여 학문을 할수록 배우는 사람의 의욕을 고취하고 의지를 강하게 하여 세상의 바른 조화를 왜곡한다. 학문을 할수록 자신을 번민하게 하고 세상을 혼란하게 만든다. 그러므로 배움을 중단하면 걱정이 없게 된다고 하는 것이다. 도의 근원은 모두 같다. 천지 만물이 시작할 때에는 모든 것이 서로 다르지 않고 모두가 도 하나로부터 이루어진 것이다. 따라서 근본을 헤아리지 못하고 말단에 집착하면 세상을 바로 볼 수 없게 된다. "예"라고 하는 것과 "응"이라고 하는 것이 차이가 있으면 얼마나 있겠는가? 선과 악이 차이가 있다 한들 얼마나 차이가 있겠는가? 천지 만물의 시작을 보았던 도의 눈에는 모든 것이 같은 것이다. 세속의 학문은 인의를 가르쳐 군주에게 보은하게 하고 예와 법을 가르쳐 귀한 것과 천한 것, 선과 악을 구별하도록 가르친다. 지식을 쌓는 것이 호랑이를 키워 날개를 달아 주는 것과 같다.

사람들이 즐거워하는 것은 나도 따라 즐기고 사람들이 무서워하는 것은 나 역시 무서워한다. 사람들이 문장을 잘하기 위한 학문을 끝내지 못한다. 한탄해도 두려움에서 벗어나기 어려우니 마음이 요원하고 황막할 따름이다. 그리하여 사람들은 희희낙락하여 좋은 요리를 맛보는 듯이 기뻐하고 봄날에 망루에 올라 경치를 내려다보듯이 즐거워하는데 나 혼자만 겁을 먹고 그러한 기미를 느끼지 못한다. 아직 웃을 줄도 모르는 갓난아기와 같고 갈 데도 없는 불쌍한 사람처럼 보인다. 사람들이 모두 여유 있어 보이는데 나만 홀로 다 잃은 사람처럼 보인다. 나는 정말 어리석은 마음을 갖고 있구나. 우둔하기 이를 데 없다. 사람들은 모두 명쾌한데 나만 바보처럼 맹맹하다. 사람들은 모두 세심한데 나만 아무것도 모르고 민민하다. 파도소리처럼 담담하고 높은 바람소리가 그치지 않는 것처럼 마음이 허전하다. 모두들 잘하고 있는데 나 혼자만 완고한 것이 시골뜨기와 같다. 나만 유독 사람들과 다른 것 같다. 하지만 나는 아직도 나를 젖 먹여 키워 주신 내 어머니 같은 도를 소중하게 생각한다. 사람들이 지혜로써 도와 멀어지지만 나는 바보 같은 우둔한 마음으로 도를 지킬 것이다.

제 21 장

孔德之容, 唯道是從。
道之為物, 唯恍唯惚。
惚兮恍兮其中有象, 恍兮惚兮其中有物。
窈兮冥兮其中有精, 其精甚真其中有信。
自今及古, 其名不去, 以閱衆甫。
吾何以知衆甫之然哉。以此。

[해석]

큰 덕의 용모는 오직 도를 따를 뿐이다. 도라고 하는 것은 형체도 없는 황홀한 것이다. 홀황한 가운데 형상이 있고 황홀한 가운데 물체가 있다. 요명한 가운데 정기가 있고 그 정기는 아주 진실하여 그 안에 믿음이 존재한다. 지금부터 옛날에 이르기까지 도의 정기가 떠나지 않고 존재하는 것은 만물 생성의 시작부터 겪어 왔기 때문이다. 내가 어찌해서 만물 생성의 시작이 그러한지를 알고 있겠는가? 도의 황홀, 요명의 경지를 경험했기 때문이다.

[주석]

공(孔): 크다(大)의 의미임.

용(容): 모양. 풍모를 뜻함.
도지위물(道之爲物): 도라는 것은, 도라고 하는 존재는의 뜻임.
요혜명혜(窈兮冥兮): 깊고 심오하다, 그윽하고 아득하다의 뜻임.
심진(甚真): 아주 순수한 것을 의미함.
기명불거(其名不去): 도가 만물을 떠나지 않는다는 의미임.
열(閱): 경력, 열력을 의미함.
중보(衆甫): 만물의 시작으로 해석함. 중(衆)은 만물을 뜻하고 보(甫)는 시작(起始,開始)을 뜻함. 또는 보를 남성을 아름답게 칭하는 말로 해석하여 만물 또는 삼라만상으로도 해석함.

[해설]

덕의 용모는 스스로 보여줄 수 있는 것이 아니다. 오직 도를 따라 행하는 대로 나타날 뿐이다. 도를 본받아 행하면 품성으로 나타나는 것이 덕이다. 도가 일어나면 같이 일어나고 도가 없어지면 같이 없어진다. 도가 무와 유를 오가면서 만물을 생성하고 소멸하는 것과 같은 이치이다. 도는 만물의 생성과 소멸을 관장하며 황과 홀 사이를 오간다. 한 곳에서만 머무르지 않는다. 도는 홀황한 가운데 기가 운행하여 형상을 이루고 황홀한 가운데 기가 조화를 이루면 물체로 나타난다. 도가 밖으로 나타나는 것이 큰 덕의 용모이다.

도가 황과 홀을 오가며 나타나기도 하고 사라지기도 하지만 그 정기는 요명한 가운데 깊고 심오하여 없어지지 않는다. 깊고 심오한 가운데 믿음이 존재한다. 태고시절부터 지금에 이르기까지 도는 잠시라도 다른 곳으로 떠난 적이 없다. 지금까지 만물의 생성과 소멸을 겪어왔다. 내가 어떻게 만물이 그러했음을 알 수 있었겠는가? 이 모두가 도로써 아는 것이다.

제 22 장

曲則全, 枉則直。
窪則盈, 敝則新。
少則得, 多則惑。
是以聖人抱一為天下式。
不自見故明, 不自是故彰, 不自伐故有功, 不自矜故長。
夫唯不爭, 故天下莫能與之爭。
古之所謂曲則全者, 豈虛言哉。
誠全而歸之。

[해석]

휘어져야 안전하고 굽힐 수 있어야 올곧음을 지킬 수 있다. 패인 곳은 채워지게 되고 낡은 것은 시간이 지나면 새로워지게 된다. 적으면 얻어지지만 많으면 미혹되어 남는 것이 없다. 그리하여 성인은 도 하나를 마음에 새겨 천하를 다스리는 법식으로 삼는다. 자신의 눈으로만 보지 않으니 사물을 명확하게 볼 수 있고 자신의 생각만 옳다고 하지 않으니 모든 것이 명백하게 나타난다. 자신을 과대평가하지 않으니 공덕이 있는 그대로 나타나고 스스로 자랑하지 않으니 그 공이 오래 지속된다. 무릇 오직 싸우려 하지 않으니 천하의 어느 누구도 성인과 더불어 싸울 수가 없다. 옛날 사람들이 휘어지면 안전하다고 하는 말이 어찌 빈말이겠는가? 성심을 다하면 만물이 안전하게 본성으로 되돌아온다.

[주석]

곡즉전(曲則全): 굽은 나무가 조상을 지킨다는 말처럼 구부러진 나무는 쓸모가 없으므로 베어지지 않고 오래 남아 안전하게 수명을 보전한다는 뜻임. 본문에서는 휘어져야 꺾이지 않고 안전하다는 말로 해석함. 대중을 따라 움직이는 것이 안전하다고도 해석함.
왕즉직(枉則直): 자벌레가 전진할 때 몸을 굽혔다 다시 펴서 가는 것을 뜻하거나 자신의 의견을 굽힐 수 있어야 다른 사람들과 소통할 수 있고 자신의 올곧은 마음을 길게 지켜나갈 수 있다는 것을 의미함.
소즉득(少則得): 욕심을 적게 가지면 내 것으로 얻어진다는 의미와 적은 것은 소중이 여겨 내 것으로 남게 된다는 의미로 해석됨.
폐즉신(敝則新): 낡으면 고쳐서 새로워진다는 의미임.

[해설]

성인은 도리를 따라 행동한다. 도를 따르면 안전하다. 도는 유약한 것이니 부러지거나 부서지지 않는다. 곧은 것만이 옳은 것은 아니다. 도에 합당하지 않으면 고집이나 욕심에 불과하다. 휠 수 있어야 안전하고 굽힐 수 있어야 다시 펴고 올곧음을 지킬 수 있다. 백곡의 물이 낮은 곳을 찾아 강과 바다로 흐르듯이 패인 곳이 채워지고 해와 달이 뜨고 지듯이 시간이 지나면 모든 것이 새롭게 시작된다. 적으면 소중히 여겨서 내 것이 되지만 많으면 미혹되어 남는 것이 없다. 성인은 도 하나만을 가슴에 안고 천하를 다스리는 법도로 삼는다. 도 하나를 얻는 것이 모든 것을 얻는 것이다.

자신의 눈으로만 보지 않고 천하의 넓은 눈으로 만물을 살피니 사물을 명확하게 볼 수 있다. 자신의 생각만 옳다고 고집하지 않으니 모든 것이 명백하게 드러난다. 스스로 자랑하지 않으니 자신의 공이 남게 되고 스스로 우쭐대지 않으니 위험에 처하지 않고 자신의 지위를 지키게 된다. 모두가 싸우지 않는 덕이 갖는 여유이다. 이렇듯 성인은 싸우려 하지 않으니 천하의 누구도 성인과 더불어 싸울 수가 없다. 옛날 사람들이 휘어지면 안전하다는 말이 어찌 빈말이겠는가? 도를 얻으면 무아의 경지에 도달한다. 나 자신이 없으면 다툴 일이 없다. 다툴 일이 없으면 천하에 통하지 못하는 곳이 없게 되고 천하에 통하지 않는 곳이 없다면 어느 곳을 가더라도 위태롭지 않고 안전하다. 성심을 다하여 도를 얻으면 안전하게 본성을 보존하고 도로 되돌아가게 된다. 그리하여 나 자신이 안전하고 모든 만물이 안전하게 된다. 이것이 곧은 것이고 크게 얻는 것이다.

제 23 장

希言自然。飄風不終朝, 驟雨不終日。
孰為此者。天地。
天地尙不能久, 而況於人乎。
故從事於道者, 道者同於道, 德者同於德, 失者同於失。
同於道者, 道亦樂得之。
同於德者, 德亦樂得之。
同於失者, 失亦樂得之。
信不足, 有不信焉。

[해석]

말없는 도의 가르침은 자연의 가르침이다. 아무리 바람이 사납다 하더라도 아침 내내 불지 않고 모진 비라 하더라도 하루 종일 내리지는 못한다. 누가 이러한 일을 하겠는가? 하늘이 하는 일이다. 천지도 오래 할 수 없는 일을 하물며 사람이 어찌할 수 있겠는가? 그러므로 모든 일을 도에 따라 행한다. 도를 행하는 자는 도와 하나가 되고 덕을 행하는 자는 덕과 하나가 되고 아무것도 행하지 않는 자는 도와 가까워질 기회를 잃게 된다. 도와 하나가 된 자는 도를 얻게 되고 덕과 하나가 된 자는 덕을 얻게 되며 기회를 잃은 자는 얻는 것이 없게 된다. 도를 알지 못하여 믿음이 부족한 것이니 불신하는 것은 당연하다.

[주석]

희언(希言): 잘 들리지 않는 말. 자연의 진리를 나타내는 자연의 소리라는 뜻으로 무위를 행하는 도의 가르침을 의미함.
표풍(飄風): 회오리바람. 질풍.
취우(驟雨): 갑자기 강하게 내리는 비. 소나기, 폭우를 뜻함.
상(尙): …조차. 상차(尙且)의 뜻임.

[해설]

도의 가르침은 말없이 교화를 행하는 것이다. 말을 아끼는 희언은 도의 가르침이며 자연의 가르침이다. 그러므로 옛날의 성인은 말을 아끼고 행동은 쉽게 하였다. 자연의 가르침을 따른 것이다. 사나운 바람과 모진 비라도 하루 종일 계속되지는 못한다. 하늘이 하는 일이 이러한데 하물며 사람이 하는 일이 어떠하겠는가? 그리하여 모든 일을 도를 따라 행한다. 사람이 하는 일은 아무리 아름답고 크게 흥성하여도 영원할 수 없다. 도를 행하여 도와 하나가 되는 자는 도를 얻고 덕을 행하여 덕과 하나가 되는 자는 덕을 얻으며 아무것도 행하지 않는 자는 도와 덕을 얻을 기회를 잃게 된다. 도와 덕을 얻지 못하는 것은 도를 알지 못하는 까닭으로 믿음이 부족한 탓이지 도를 불신하여 그리된 것이 아니다. 도가 말없이 교화하고 희언으로 말하니 사람들이 도를 모르는 것은 당연한 것이다. 도의 가르침을 자연의 가르침이라 하였다. 사람들이 도를 알아 가는 일은 억지로 가르쳐서 이루어지는 것이 아니다. 스스로 자연의 도리를 터득함으로써 도와 가까워지는 것이다.

제 24 장

跂者不立, 跨者不行。
自見者不明, 自是者不彰。
自伐者無功, 自矜者不長。
其在道也, 曰餘食贅形。物或惡之, 故有道者不處。

[해석]

발돋움하려는 자는 바로 서지 못하고 남을 뛰어 넘으려는 자는 잘 되는 법이 없다. 자신의 눈으로만 세상을 보려하는 자는 바로 보지 못하고 자신의 생각만이 옳다고 주장하는 자는 환영 받지 못한다. 스스로 자랑하는 사람은 공을 헛되게 하고 스스로를 뽐내며 우쭐대는 사람은 그 공이 오래가지 못한다. 모든 것이 도에 달려 있으니 음식이 많으면 남기게 되고 행동이 과하면 아름다운 것도 추한 것이 된다. 행동이 적절하지 못하면 만물이 싫어할까 걱정하여 도를 갖은 사람이 머물지 않는다.

[주석]

기(跂): 발꿈치를 들어 발돋움하는 것을 의미함.
과(跨): 발걸음을 크게 하여 뛰어넘는 것을 의미함.

췌행(贅行): 혹처럼 불필요한 것을 췌라고 하고 행은 모습이나 형태를 말함. 췌행은 불필요한 추한 행위를 의미함.
처(處): 처리하다. 일을 하다. 결단하다의 의미임.

[해설]

항상 조바심을 갖고 자신을 세우려 발돋움하는 사람은 바로 서기 어렵다. 계속 재물과 권력을 탐하고 명예를 좇는 사람은 마음의 안정을 찾지 못하여 바로 서지 못하게 된다. 다른 사람을 크게 뛰어 넘으려 하는 사람은 필히 다른 사람에게 해를 끼치게 되니 결코 바람직하지 못하다. 욕망을 일으켜 세우면 해악도 같이 일어난다. 욕망을 얻기 위한 행동을 늘리게 되면 그 해악도 그만큼 더 크게 일어나게 된다. 자신의 눈으로만 세상을 보려하는 사람은 결코 세상을 바로 보지 못한다. 자신의 품행이 천박함을 알지 못하고 항상 자신의 생각만이 옳다고 생각하는 사람은 그 공이 나타나기 어렵다. 스스로 자신의 공을 자랑하면 공을 헛되게 하고 스스로 자신을 뽐내고 우쭐대면 그 공이 오래가지 못한다.

그 모든 것이 도에 달려 있다. 도리에 어긋나지 않도록 욕심을 버리고 적당한 정도에서 행위가 이루어져야 한다. 음식이 많으면 남기게 되고 행하는 것이 과하면 아름다운 것도 추한 것이 된다. 적절하지 못한 행동으로 미움과 경멸을 받는 불필요한 일이 일어나지 않도록 해야 한다. 도를 갖춘 사람은 항상 자연의 이치에 맞는 행동을 한다. 그러므로 행동이 적절하지 못하면 만물이 싫어할 것을 걱정하여 도를 갖춘 사람이 머물지 않는다.

제25장

有物混成, 先天地生。
寂兮寥兮, 獨立而不改。周行而不殆, 可以為天下母。
吾不知其名, 字之曰道, 強為之名曰大。
大曰逝, 逝曰遠, 遠曰反。
故道大, 天大, 地大, 王亦大。
域中有四大, 而王居其一焉。
人法地, 地法天, 天法道, 道法自然。

[해석]

알 수 없는 어떤 물질이 뒤섞여 만들어진 것으로 천지가 생기기 전부터 존재했음이 틀림없다. 고요하여 음성을 들을 수 없고 텅 비어 형체를 볼 수가 없다. 홀로 존재하며 변함없이 현 상태를 유지한다. 천지를 두루 다녀도 막을 자가 없으니 위태로울 것이 없다. 가히 천하를 보살피는 어머니라 할 수 있다. 나는 그 이름을 알지 못한다. 이름을 모르니 자(字)로 이름을 지어 도(道)라고 부른다. 억지로라도 이름을 지어본다면 클 대(大)로 부르고 대는 세상 모든 곳에 갈 수 있으니 갈 서(逝)라 부르고 가게 되면 멀리 가게 되므로 멀 원(遠)이라 부르고 멀리 가면 되돌아오니 돌이킬 반(反)이라고 부를 수 있다. 그리하여 도가 가장 크고 하늘이 크고 땅이 크고 왕 또한 크다. 천지간에 존재하는 큰 것이 이 네 가지이다. 왕은 그 중의 하나이다. 사람은 땅을 본받고 땅은 하늘을 본받고 하늘은 도를 본받고 도는 자연을 본받는다.

[주석]

유물혼성(有物混成): 형체 없는 물질이 뒤섞인 도를 가리키는 말. 이(夷), 희(希), 미(微)의 세 가지가 섞여 하나가 된 것이라 하여 도가 기를 품고 있다고도 해석함.
강위지명(强爲之名): 억지로라도 이름을 붙인다면이라는 뜻임.

[해설]

물질이 있다고 하지만 이름을 알 수 없고 뒤섞였다고 하지만 분간할 수가 없다. 천지에 앞서 생겼다고 하지만 그 시작을 알 수 없다. 그 시작을 알 수 없으니 그 끝도 알 수 없다. 시작과 끝이 없으니 같이 필적할 자가 없다. 천지의 어느 곳도 통하지 않는 곳이 없고 막을 자가 없으니 위태롭지도 않다. 천하의 어머니라 할 수 있다.

누구도 그 이름을 알지 못한다. 그리하여 자(字)로 말하여 도라고 하고 억지로 이름을 지어 클 대(大)라고 부른다. 크면 세상 모든 곳을 갈 수 있으니 갈 서(逝)라 부르고 계속 가면 먼 곳에 이르게 되니 멀 원(遠)이라 부르고 끝까지 가면 되돌아오니 돌이킬 반(反)이라 부른다.

그리하여 도가 가장 크고 모든 것을 뒤덮는 하늘이 크고 모든 것을 받아들이는 땅이 크고 땅에서 모든 일을 할 수 있는 왕이 크다. 이 네 가지가 도의 영역에서 가장 큰 것들이다. 왕이 그들 중 하나이므로 왕이 가장 큰 도를 본받으면 천지간의 모든 것을 본받게 된다. 사람은 땅에서 곡식을 구하며 안주하고 땅은 하늘의 은혜를 모두 받아들이고 하늘은 천지의 모든 것을 관장하는 도를 따르고 도는 자연의 이치를 따르며 자연에 순종한다. 그리하여 말하기를 "사람은 땅을 본받고 왕은 하늘을 본받고 하늘은 도를 본받고 도는 자연을 본받는다."라고 하였다. 정기가 충만하여 만물이 스스로 일어나고 도의 본성이 자연과 함께 하여 온 천하에 미치면 더 이상 다른 것을 본받을 것이 없게 된다. 이것이 도의 세상이다.

제 26 장

重為輕根, 靜為躁君。
是以聖人終日行不離輜重, 雖有榮觀燕處超然。
奈何萬乘之主而以身輕天下。
輕則失根, 躁則失君。

[해석]

본분을 지키는 진중함을 가벼움을 지탱하는 근본으로 삼고 고요함을 지키는 평정심을 조급함을 다스리는 주군으로 삼아야 한다. 그리하여 성인은 종일 행차를 하여도 짐수레와 떨어지지 않고 연회를 즐기는 호화로운 누각에 있더라도 평상시 집에 머무는 듯 초연하다. 만대의 수레를 거느리는 군주가 천하에 임하는 몸가짐을 어찌 가벼이 할 수 있겠는가? 몸을 가벼이 하면 근본을 잃고 마음을 조급히 하면 군주의 자리를 잃게 된다.

[주석]

근(根): 근본(本)을 뜻함.
조(躁): 움직이는 것이 심하여 번잡함을 뜻함.
한비자가 말하기를 자신을 절제하는 것을 중(重)이라 하고 자리를 뜨지 않는 것을 정(靜)이라 하였음. 진중함은 가벼운 것을 통제할 수 있고 고요함은 번잡하게 움직이는 것을 주재하여 관리할 수 있다고 하였음.

치중(輜重): 보급물자를 실은 짐차를 뜻함.

영관(榮觀): 호화로운 경관 또는 즐기고 노는 호화로운 누각을 의미함.

연처(燕處): 연은 평상(平常)의 뜻이고 처는 주거 또는 거처의 뜻임. 연처는 평상시처럼 한가롭게 보내는 연거(燕居) 또는 안거(安居)의 뜻임.

실신(失根): 실본(失本), 실신(失臣)으로 통용됨. 실신으로 쓰는 경우에는 가벼우면 신하를 잃고 조급하면 군주의 지위를 잃게 된다로 해석하고 실근, 실본을 쓸 경우에는 본문 첫 머리의 중위경근과 정위조군을 받아서 가벼우면 근본을 잃고 조급하면 주재할 수 있는 힘을 잃는다는 뜻으로 해석됨. 하상공본은 실신을 쓰고 왕필본은 실근으로 기재하였음.

[해설]

가벼운 것이 무거운 것을 실을 수 없고 작은 것이 큰 것을 누를 수 없다. 무거운 뿌리가 움직이지 않고 고요한 정을 지키기 때문에 가벼운 가지가 바람을 견디고 봄이면 잎이 다시 나오고 꽃이 피는 것이다. 그러므로 군주가 진중하지 못하면 존경받기가 어렵고 조급하면 위엄을 잃게 되어 자신을 위험하게 한다. 그러므로 고요함을 지키는 평정심으로 조급함을 다스려야 군주의 지위를 오래 유지할 수 있다. 초목의 꽃이 가벼워서 떨어지지만 뿌리는 무거워 오래 존재한다. 용이 고요하므로 능히 변모하고 조화를 부리지만 호랑이는 조급하여 일찍 죽는다.

그러므로 성군은 종일 행차하여도 뒤에서 따라오는 짐수레와 떨어지지 않고 연회를 즐기는 호화로운 누각에 있어도 평상시 집에서 안거하듯 초연함을 잃지 않는다. 행차가 늦더라도 무거운 짐을 싣는 짐수레의 본문을 알고 있고 호화로운 누각에 있어도 평정심을 유지하는 것이 군주의 본분임을 알고 있기 때문이다. 만 대의 수레를 거느린 군주가 천하에 임하는 몸가짐을 어찌 가벼이 할 수 있겠는가? 뿌리가 가벼우면 바람에 쉽게 흔들리고 가지를 지탱하지 못하면 결국에는 근본을 잃게 된다. 그리하여 말하기를 군주가 가벼우면 근본인 자신을 잃게 되고 조급하면 군주의 자리를 잃게 된다고 하였다.

제 27 장

善行無轍蹟, 善言無瑕讁, 善計不用籌策。
善閉無關楗而不可開, 善結無繩約而不可解。
是以聖人常善救人, 故無棄人。常善救物, 故無棄物。
是謂襲明。
故善人者不善人之師, 不善人者善人之資。
不貴其師不愛其資。雖智大迷, 是謂要妙。

[해석]

도로써 행한 것은 흔적을 남기지 않고 도로써 한 말은 하자가 없고 도로써 한 셈은 수를 세는 대나무 주책이 필요 없다. 도로써 닫은 문은 빗장을 끼우지 않아도 열지 못하고 도로써 맺은 매듭은 끈으로 묶지 않아도 풀 수 없는 약속이다. 그렇기 때문에 성인은 상선(常善)으로 다른 사람들을 구한다. 고로 버려지는 사람이 없다. 상선으로 만물을 구한다. 고로 만물 중에는 버려지는 것이 없다. 이것을 부지불식간에 전해지는 도의 깨달음이라 하여 습명(襲明)이라고 한다. 고로 선인은 불선인의 사부이고 불선인은 선인의 유익한 자산이 된다. 도는 그 사부를 귀하게 여기지도 않고 또한 그 자산을 아끼지도 않는다. 설사 지혜가 있다 하더라도 도의 뜻을 알기가 어렵다. 이것이 도가 갖는 미묘함의 요체라고 말한다.

[주석]

선행(善行): 도를 따르는 훌륭한 행위를 뜻함. 도를 행하여 나가는 것임.
선언(善言): 도리에 맞는 성인의 말씀을 뜻함. 도로써 하는 말을 의미함.
선계(善計): 믿음이 살아있는 신용사회에서의 계산과 계약을 뜻함.
하적(瑕謫): 구슬에 있는 흠집. 과실을 뜻함.
주책(籌策): 구대에 계산할 때 쓰던 대나무로 만든 계산용 대나무 편책. 산가지라고도 함.
선폐(善閉): 욕심이 없는 순수한 사회에서 도로써 잠근 것을 뜻함.
관건(關楗): 빗장을 좌우의 횡으로 걸어 끼우는 것이 관이고 위아래의 수직으로 끼우는 것이 건임.
선결(善結): 계약을 잘 맺는 것을 뜻함. 도로써 맺은 계약으로 해석함.
승약(繩約): 고대의 계약 방식으로 끈으로 묶어서 약속한다는 뜻임.
상선(常善): 도로 행하는 선. 절대불변의 도의 선을 의미함.
습명(襲明): 엄습하여 전해져서 알게 된다는 뜻으로 부지불식간에 전해지는 도의 깨우침을 뜻함.
자(資): 자산, 재산의 뜻임. 불선인이 잘못하는 것을 봄으로써 자신의 잘못을 비추어 보는 거울로 삼을 수 있으니 불선인은 선인에게 유익한 재산이 된다는 의미로 쓰임.

[해설]

발로 걷지 않았으니 행적이 남지 않고 입으로 말하지 않았으니 잘못된 하자를 남기지 않고 순리를 따른 계산은 복잡하지 않으므로 틀릴 일이 없다. 빗장을 채우지 않았어도 잘 잠근 문은 열 수가 없고 매듭으로 끈을 묶어 계약하지 않았어도 잘 맺어진 약속은 해약할 수 없다. 도에는 선과 불선이 따로 없고 오직 무위자연의 도만이 믿을 수 있는 최선의 방법이다. 선행·선언·선계·선폐·선결이 모두 자연의 순리를 따라 도로써 행해져 내려오는 일 들이다. 도로써 행하는 것은 흔적을 남기지 않고 도로써 한 말은 하자가 없고 도로써 한 셈은 수를 세는 대나무 산가지가 필요 없고 도로써 닫은 문은 빗장을 끼우지 않아도 열지 못하고 도로써 맺은 매듭은 끈으로 묶지 않아도 풀 수 없는 약속이다. 이와 같이 도는 변함없는 상선(常善)으로 사람을 구하고 만물을 구한다. 단 한 번도 사람을 버리거나 만물을 버리는 일이 없다. 하지만 사람들은 이러한 일들이 도가 하는 일임을 알지 못한다. 자연의 순리대로 해온 일이니 선행·선언·선계·선폐·선결과 같은 일들이 도가 하는 일임을 알지 못한다. 변함없이 이루어지는 도의 행위를 상(常)이라 하고 상을 아는 것을 명(明)이라고 한다. 도가 하는 일을 보통 사람들이 알기 어려우니 이러한 일을 옷에 물이 스며들 듯이 부지불식간에 천천히 전해지는 도의 깨우침이라 하여 습명(襲明)이라고 한다.

그리하여 도를 본받고자 노력하는 선인은 불선인으로 하여금 어떠한 행동이 바른 행동인가 하는 답을 주는 모범적인 역할을 하므로 선인은 불선인의 사부와 같다고 하였다. 불선인은 선인에게 해서는 안 될 행동을 보여줌으로써 선인이 스스로 자신을 되돌아 볼 수 있는 거울의 역할을 하게 되니 불선인은 선인의 소중한 자산과 같다고 하였다. 도를 본받는 성인은 무심으로 가르침을 주고 배움을 구하니 불선인에게 사부가 되는 선인의 역할을 귀하게 여기지 않고 선인에게 규감이 되는 불선인의 자산과 같은 존재를 아끼려 하지도 않는다. 사람들이 아무리 지혜가 많아지더라도 미혹됨을 벗어나기 어렵다. 도의 뜻을 알기 어렵고 단정하여 말할 수도 없다. 도의 상선이 선과 불선을 구분하려 하지 않으니 이것이 도가 갖는 미묘함의 요체라고 하는 것이다.

제 28 장

知其雄, 守其雌, 為天下谿。
為天下谿, 常德不離, 復歸於嬰兒。
知其白, 守其黑, 為天下式。
為天下式, 常德不忒, 復歸於無極。
知其榮, 守其辱, 為天下谷。
為天下谷, 常德乃足, 復歸於樸。
樸散則為器, 聖人用之, 則為官長, 故大制不割。

[해석]

하늘의 웅을 알고 땅의 자를 지키면 생명의 원천인 천하의 계곡물이 된다. 천하의 계곡물이 되면 상덕과 떨어지지 않고 갓난아기로 되돌아온다. 백을 알고 흑을 지키면 천하를 가름할 법식이 된다. 천하가 모두 따르는 법식이 되면 항상 덕에 어긋나지 않으니 무의 극치인 도로 되돌아온다. 영화를 알고 욕됨을 지키면 만물이 되돌아오는 천하의 계곡이 된다. 천하의 골짜기가 되면 상덕이 충만하여 순박한 자연의 통나무로 되돌아온다. 자연의 질박한 통나무가 분산되어 가공되면 그릇이 된다. 성인이 이 그릇을 사용하여 나라를 다스리고 백관의 관장이 되니 천하가 나뉘어 분할되지 않는다.

[주석]

식(式): 법, 법식을 의미함.
특(忒): 위배되거나 어긋나는 것을 의미함.
족(足): 완전하게 맞아 떨어진다는 뜻. 충족시킨다는 뜻임.
박(樸): 자연 그대로 가공되지 않은 통나무.
장(長): 어른. 우두머리. 책임자의 뜻임.
제(制): 재단(裁斷)한다는 뜻임.
할(割): 분열, 분할한다는 뜻임.

[해설]

웅(雄)인 수컷은 움직이려 하고 자(雌)인 암컷은 움직이지 않고 자리를 지킨다. 움직이는 것은 필히 멈추게 되고 수컷은 필히 암컷에게 돌아온다. 그리하여 양기인 하늘의 웅을 알고 음기인 땅의 자를 지키면 생명의 원천인 천하의 계곡물이 되고 천하의 계곡물이 되면 도의 상덕과 떨어지지 않고 갓난아기로 되돌아온다.

백은 다른 색을 받아들이고 만물을 밝게 한다. 흑은 다른 색에 오염되지 않으며 만물을 어둡게 한다. 백의 밝은 세상을 알고 흑의 어두움을 지키는 것을 자연의 이치를 밝히고 천하를 가름하는 법식으로 삼으면 도의 상덕에 어긋나지 않으므로 무의 극치인 도로 되돌아오게 된다.

초목이 무성하면 영화로운 것이고 그것이 시들어서 떨어지게 되면 욕되는 것이다. 이것이 사람의 영욕과 다르지 않다. 귀한 영화를 알고 천한 욕됨을 지키면 영화는 가고 근원으로 되돌아가니 만물이 되돌아오는 천하의 골짜기가 된다. 천하의 골짜기가 되면 도의 상덕이 충만하여 순박한 자연의 통나무로 되돌아오게 된다. 이 세 가지가 웅,

백, 영화의 유로 움직이는 욕망이다. 움직이면서도 자, 흑, 치욕의 무의 고요한 정을 지킴으로써 도의 근원으로 되돌아가는 것이다.

자연의 질박한 통나무는 분산되고 가공되면 그릇이 된다. 성인은 이 그릇을 사용하여 나라를 다스리고 만인의 애환을 담아낸다. 그릇은 훌륭한 인재가 되어 성인이 나라를 다스리는 중요한 수단이 된다. 성인은 이러한 인재로 백관을 관장하고 귀천이 없이 서로가 조화를 이루도록 하니 천하가 나뉘어 분할되는 일이 없다. 양을 알고 음을 지켜 온화한 아기의 본성을 되찾고 백과 흑을 명확히 구분하여 바른 법도를 세우고 영욕의 이치를 알아서 본분을 지킨다면 천하는 온화하고 공정하고 소박한 도의 세상이 될 것이다.

제 29 장

將欲取天下而為之, 吾見其不得已。
天下神器, 不可為也。
為者敗之, 執者失之。
夫物或行或隨, 或呴或吹, 或強或羸, 或載或隳。
是以聖人去甚去奢去泰。

[해석]

장차 천하를 얻고 다스리고자하는 일은 내가 보기에 사람이 억지로 할 수 없는 부득이한 일이다. 천하는 신묘한 것이어서 마음먹은 대로 되지 않는다. 억지로 이루려 하는 자는 실패하게 되고 억지로 잡으려는 자는 잃게 된다. 고로 만물은 앞서는 것이 있으면 뒤따르는 것이 있고 추워서 부는가 하면 뜨거워서 불고 강한 것이 있으면 약한 것이 있고 의욕이 가득한 사람이 있는가 하면 좌절하는 사람이 있다. 그러므로 성인은 한쪽으로 심하게 치우치는 무절제함을 버리고 검약하는 마음으로 사치를 버리며 억지로 이루려 하는 과욕을 버린다.

[주석]

취(取): 얻다. 여기에서는 받는다는 의미로 사용됨.

위(爲): 다스리다(治)의 뜻임.
후(呴): 언 손을 녹이기 위해 따뜻한 입김을 부는 것임.
취(吹): 뜨거운 물을 식히기 위해 입김을 부는 것임.
거(去): 버린다.
육농사(陸農師)는 거심(去甚)을 자애로움이라 하고 거사(去奢)를 검소, 검약이라 하였으며 거태(去泰)를 감히 천하의 앞에 서지 않는 겸허함이라 하였음.
거심(去甚): 심하게 치우치는 무절제함을 버림.
거사(去奢): 사치하는 것을 버림.
거태(去泰): 무리해서라도 이루려는 과욕을 버림.

[해설]

만물이 저마다 갖고 있는 다양한 본성을 하나로 만들어 천하를 통일하는 것은 사람의 힘으로만은 할 수 없는 일이다. 하늘의 도가 천심이 되고 천심이 민심이 되어 만민을 움직일 때만 가능한 일이다. 그러므로 천하는 갖는 것이 아니라 주는 것을 받는 것이다. 만물은 모두 제각각 움직인다. 이것 역시 하늘의 뜻이다. 앞서 가는 것이 있으면 필히 뒤따르는 것이 있고 따뜻하게 하려고 입김을 부는가 하면 뜨거운 것을 식히려고 불기도 한다. 강한 것이 있으면 필히 약한 것이 있고 의욕이 충만한 사람이 있으면 필히 좌절하는 사람도 마련이다. 민심을 인간 마음대로 움직일 수 없는 것처럼 만물 또한 자연의 섭리에 따라 움직인다. 그러므로 인간이 유위를 행하여 만물을 하나로 통일시키려 하는 것은 어리석은 일이다. 억지로 이루려 하는 자는 실패하게 되고 억지로 잡으려 하는 자는 잃게 된다.

천심과 민심은 욕심이 많은 것을 싫어한다. 따라서 많은 사람의 마음을 얻으려면 욕심을 버려야 한다. 무심의 극치인 천심에 도달할 수 없어도 이를 본받고 따르려 노력해야 한다. 고로 성인은 하늘의 도를 따름으로써 천심을 얻어 천하를 얻고 천심으로써 민심을 얻어 만민을 다스린다. 그리하여 성인은 한쪽으로 심하게 치우치는 무절제함을 버리고 검약하는 마음으로 사치를 버리며 억지로 이루려는 과욕을 버린다. 무절제와 사치 그리고 과욕 이 세 가지를 버리지 않으면 천심을 얻지 못하고 민심에 가까이 갈 수 없다.

제 30 장

以道佐人主者, 不以兵強天下, 其事好還。
師之所處荊棘生焉, 大軍之後必有凶年。
善者果而已, 不敢以取強。
果而勿矜, 果而勿伐, 果而勿驕, 果而不得已, 果而勿強。
物壯則老, 是謂不道。不道早已。

[해석]

도로써 군주를 보좌하는 지휘관은 병력으로 천하를 제압하려 하지 않는다. 병력을 동원하는 일이 필히 화가 되어 돌아오기 때문이다. 군대가 머물던 곳에는 가시덤불만 무성하고 대군이 지나간 뒤에는 필히 흉년이 닥치게 된다. 도를 체득한 사람은 무위자연으로 공을 이룰 뿐 감히 작위를 통하여 억지로 일을 도모하지 않는다. 공을 뽐내지 않고 공을 자랑하지 않고 공을 이루어도 교만하지 않고 공을 이루어도 부득이한 것으로 생각하고 또한 공을 억지로 이루려 하지 않는다. 만물은 왕성하고 나면 노쇠해진다. 이러한 것을 도에 합당하지 않다고 한다. 도에 합당하지 않으면 일찍 죽게 된다.

[주석]

이도좌인주자(以道佐人主者): 하상공은 도로써 자신을 보좌하는 군주라 하였고 왕필은 도로써 군주를 보좌하는 사람으로 해석하였음. 본문은 왕필의 해석을 인용하였음.
기사호환(其事好還): 그러한 일은 후에 좋은 결과로 돌아온다는 의미임. 무위를 행하는 덕행의 일환으로 생각함.
인주(人主): 군주, 임금을 뜻함.
과이부득이(果以不得已): 좋은 결과를 가져와도 부득이한 것으로 여김을 뜻함.
강(强): 억지로를 의미함.
조이(早已): 일찍 멈춘다, 일찍 죽는다는 뜻임.

[해설]

병력을 사용하는 것은 모두가 부득이한 것이어야 한다. 부득이한 것이 아니고 억지로 천하를 이기려 한다면 설사 이긴다 하더라도 그로 인한 화가 필히 응보로 되돌아오게 된다. 군대는 흉과 해를 주는 존재이다. 구제하는 것은 없고 모든 것을 상하게 하여 원한을 낳는다. 군대가 주둔한 곳에는 백성들이 농사를 지을 수 없으니 밭이 황폐하여 잡초만 무성하고 농사를 지은 땅이라 하더라도 살기가 가득하여 제대로 생육하기 어렵다. 그리하여 대군이 지나간 뒤에는 필히 흉년이 닥치게 된다.

도를 체득한 사람은 무위자연에 맡겨 일할 뿐이다. 감히 작위를 통하여 억지로 공을 이루려 하지 않는다. 무위자연의 덕으로 천하를 회유한다. 항상 자신을 낮추는 겸허함으로 공을 이루고도 자랑하지 않고 공을 이루고도 자신을 내세우지 않으며 공을 이루고도 교만하지 않고 공을 이루고도 부득이한 결과로 생각하고 공을 이루기 위하여 작위를 통한 무리한 방법을 사용하지 않는다.

만물은 왕성하고 나면 노쇠해진다. 일시에 모든 힘을 사용하면 쇠락하는 것도 빠르다. 이것은 도에 합당하지 못한 일이다. 오직 도만이 영구 불멸한 것이니 도에 합당하지 못하면 자연의 순리에 위배되는 것이므로 일찍 죽게 된다. 도를 알지 못하고 강해지려고만 하는 사람은 가장 왕성할 때가 노쇠해지는 것의 시작임을 알지 못한다. 최대한 강성해지고 나면 내리막을 걷게 되는 것이 자연의 이치이다.

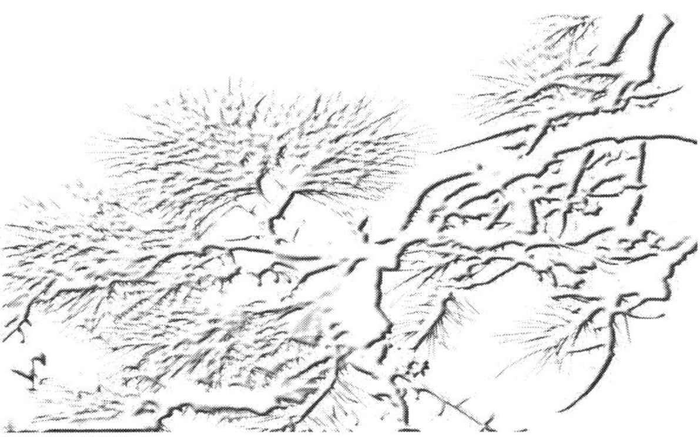

제 31 장

夫佳兵者不祥之器, 物或惡之, 故有道者不處。
君子居則貴左, 用兵則貴右。
兵者不祥之器, 非君子之器, 不得已而用之, 恬惔為上。
勝而不美, 而美之者, 是樂殺人。夫樂殺人者不可
得志於天下矣。
吉事尚左, 凶事尚右。
偏將軍居左, 上將軍居右, 言以喪禮處之。
殺人之衆, 以悲哀泣之。戰勝以喪禮處之。

[해석]

무릇 훌륭한 병기라는 것은 상서롭지 못한 물건이어서 아마도 만물이 모두 싫어할 것이다. 고로 도를 아는 사람은 병기를 가까이 하지 않는다. 군자는 평상시에는 좌측을 중시하지만 병기를 사용할 때는 우측을 중요하게 생각한다. 병기는 상서롭지 못한 물건이므로 군자가 소지할 물건이 아니다. 그러므로 부득이한 경우가 아니면 사용하지 않고 욕심 없는 담담한 마음을 고귀한 것으로 생각한다. 전쟁에서 승리하는 것을 좋은 일이라고 생각하지 않는다. 좋은 일로 생각한다면 그것은 살인을 즐기는 것이다. 무릇 살인을 즐기는 사람은 천하로부터 민심을 얻을 수 없다. 길한 일에는 좌측이 상석이 되고 흉한 일에는 우측이 상석이 된다. 부 장군이 좌측 자리에 있고 대장군이 우측 자리에 있는 것이 군대의 예이다. 말하자면 상례의 예를 따르는 것이다. 전쟁 중에 많은 사람이 죽었으니 애통한 심정으로 곡을 한다. 전쟁에 승리하면 상례로써 의식을 치른다.

[주석]

불처(不處): 몸을 두지 않는다. 또는 몸에 가까이 두지 않는다의 의미임.
귀좌(貴左): 왼쪽을 귀한 자리로 높게 생각한다. 왼쪽을 상석으로 생각한다.
염담(恬惔): 아무런 욕심이 없는 깨끗한 마음.
승이불미(勝以不美): 전승을 찬미하지 않는 것. 전승을 잘한 일로 생각하여 의기양양하지 않는 것을 의미함.
편장군(偏將軍): 부장군·부대장을 뜻함.
상장군(上將軍): 대장군·대장을 뜻함.

[해설]

도는 만물을 생성하지만 병은 만물을 죽이는 일을 한다. 만물이 병을 싫어하는 것은 당연한 일이다. 벼는 속이 차면 고개를 숙인다. 실력 있는 장수는 함부로 병력을 동원하지 않는다. 병력을 동원하는 일은 부득이한 일이다. 병력을 사용하는 일을 부득이한 일로 생각하지 않고 천하를 억지로 이기려 한다면 설사 이긴다 하더라도 필히 화가 보복이 되어 돌아온다. 그러므로 병에 관련한 일은 하고 싶지 않은 것을 해야 하는 것이어야 하기 때문에 만물의 정상적인 활동과 반대의 예법을 행한다. 도를 따르는 사람은 평상시 좌측을 중시하지만 병기를 사용할 때는 우측을 중시한다. 좌측은 양이고 우측은 음이다. 양은 삶을 의미하고 음은 죽음을 의미한다. 잎이 나고 꽃이 피는 봄과 여름이 양이고 잎이 지고 활동을 정지하는 가을과 겨울이 음이다. 병기는 만물을 죽이는 상서롭지 못한 것이므로 만물의 정상적인 예와 반대로 시행한다.

전쟁에서 승리했다고 하여 의기양양하여 좋아하지 않는다. 좋아하는 사람이라면 그 사람은 살인을 즐기는 사람이다. 무릇 살인을 즐기는 사람은 천하로부터 민심을 얻어 천하를 도모할 수 없다. 길한 일에는 좌측을 높은 자리로 삼고 흉한 일에는 우측을 높은 자리로 생각한다. 작전 시에 부 장군이 좌측에 서고 대장군이 우측에 선다. 이것은 말하자면 작전의 배치구도가 상례에 의거하여 짜여 진 것이라 할 수 있다. 전쟁으로 많은 사람이 죽고 나면 비통하고 애절한 마음으로 곡을 하고 전쟁에서 승리하더라도 상례로써 의식을 치르게 한다. 이렇듯 전쟁을 흉한 일로 생각하고 죽은 사람의 상례의식에 따르도록 한 것은 전쟁을 반성하고 자식과 남편을 잃은 백성들의 마음을 위로하기 위한 것이다. 그렇지 않으면 병력을 동원하여 무력을 행한 사람이 그에 대한 응보를 면할 수 없을 것이다.

제 32 장

道常無名。樸雖小, 天下莫能臣也。
侯王若能守之, 萬物將自賓。
天地相合, 以降甘露, 民莫之令而自均。
始制有名, 名亦既有, 夫亦將知止, 知止所以不殆。
譬道之在天下, 猶川谷之於江海。

[해석]

도는 항상 이름도 없고 순박하여 비록 작게 보일 수 있겠으나 천하의 어느 누구도 그를 신하로 삼을 수 없다. 군왕이 이 도를 지켜나갈 수 있다면 장차 만물이 스스로 찾아와 의지하여 살기를 청할 것이다. 천지간의 음과 양이 서로 합하여 온 세상에 단비를 내린다. 백성들은 영을 내리지 않아도 저절로 고르게 은택을 누린다. 만물의 시작은 유명의 시작이다. 이름이 모두 만들어지고 나면 무릇 장차 멈출 것을 알고 멈출 줄 아는 까닭에 만물이 더 이상 위태롭지 않은 것이다. 도가 천하에 퍼져 있는 것이 마치 계곡의 시냇물이 강과 바다로 가는 것과 같다.

[주석]

빈(賓): 손님, 복종한다, 돌아와 순종한다, 귀복(歸服)의 뜻임.

상합(相合): 음양이 서로 교합하여 조화를 이룬다는 의미임.
감로(甘露): 자비로운 은택을 뜻함.
자균(自均): 저절로 고르게 잘 살게 된다는 뜻임.

[해설]

사람들은 도의 이름을 알지 못한다. 이름 없고 순박하여 비록 작아 보인다 하더라도 천하의 어느 누구도 도를 신하로 삼을 수 없다. 피조물이 천지창조의 근본을 어찌 신하로 삼을 수 있겠는가? 모든 만물이 도를 벗어나서 존재할 수 없으니 제후와 왕들도 도를 본받고 도의 소박함을 지킬 수 있어야 한다. 제후와 왕들이 도를 지켜나갈 수 있다면 장차 만물이 스스로 찾아와 의지하여 살기를 청할 것이다. 제후와 왕들이 도를 지켜나가면 천지간의 음과 양이 서로 합하여 온 세상에 단비를 내리게 된다. 은택을 구하지 않아도 하늘과 땅이 서로 교합하여 모든 사람에게 복을 준다는 말이다. 제후와 왕들이 도를 본받아 무위를 행하면 백성들은 영을 내리지 않아도 저절로 고르게 잘살게 될 것이다.

만물의 시작은 유명의 시작이다. 그러나 만물의 생성이 무작정 계속되는 것은 아니다. 이름이 모두 만들어지면 무릇 장차 멈추어야 할 것도 알고 있다. 만물은 도의 작은 가지들이다. 물이 흘러 바다에서 멈추듯 만물도 가지의 끝에서 멈춘다. 멈출 줄 알기 때문에 더 이상 위태로워지지 않는다. 도가 천하에 퍼져 존재하는 것이 마치 계곡의 시냇물이 강과 바다로 가는 것과 같다. 만물이 도에 의해 만들어지고 도에게로 다시 돌아간다. 계곡의 작은 물들이 흘러 근원이 시작된 곳으로 다시 모이고 모든 만물이 도 하나로 합쳐지는 것이다.

제 33 장

知人者智, 自知者明。

勝人者有力, 自勝者強。

知足者富, 強行者有志。

不失其所者久, 死而不亡者壽。

[해석]

다른 사람을 알면 지혜로운 것이고 자신을 알면 신명한 것이다. 다른 사람을 이기면 힘이 있는 사람이고 자신을 이기면 강한 사람이다. 만족할 줄 알면 부자라 할 수 있고 이러한 도를 힘껏 행하는 사람은 의지가 있는 사람이다. 도에 대한 강한 의지를 잃지 않은 사람은 도와 함께 영원할 것이니 죽어도 도를 잃지 않고 삶을 지속할 것이다.

[주석]

지인(知人): 다른 사람을 아는 것임.

자지(自知): 자신을 아는 것임.

부실기소(不失其所): 도에 뜻을 둔 것을 잃지 않고 보존한다는 것과 또는 돌아갈 곳을 잃지 않은 것으로 해석함.

사이불망자(死而不亡者): 죽지만 도를 잃지 않은 사람을 뜻함.

[해설]

다른 사람을 아는 사람을 지혜로운 사람이라고 한다면 자신을 아는 사람은 신명한 사람이다. 다른 사람이 옳고 그른가를 판단할 수 있는 것은 지혜로운 사람이 할 수 있는 일이지만 자신이 현명한지 어리석은지를 알 수 있는 사람은 소리 없는 메아리를 듣고 보이지 않는 자신을 본 것이니 신명한 사람이 아니라면 할 수 없는 일이다.

다른 사람을 이기는 사람을 힘이 있는 사람이라고 한다면 자신을 이기는 사람은 진정 강한 사람이라고 할 수 있다. 다른 사람을 이긴다는 것은 다른 사람보다 힘이 세면 할 수 있는 일이지만 자신을 이긴다는 것은 자신의 육정과 욕망을 들여다보고 자신을 벗어나야 비로소 할 수 있는 일이니 그에게는 비교할 상대가 없는 것이다. 이런 사람이야말로 진정 강한 사람이다.

만족할 줄 알면 부자가 되고 그러한 도리를 힘써 행한다면 그 사람은 의지가 있는 사람이다. 천하를 갖은 사람이라도 자신이 처한 곳에 부족함을 느낀다면 그 사람은 평생 부자일 수 없다. 스스로 만족하면 자신이 갖은 것을 소중히 여기고 허황된 욕심을 부리지 않으니 여유가 생겨서 남에게 베풀 수 있다. 이러한 도리를 본받고 꾸준히 행하는 사람은 의지를 갖게 되고 그 뜻을 이루게 된다.

자신을 알고 자신을 이기는 사람이 도를 행하는 강한 의지는 도와 함께 영원할 것이니, 이러한 사람에게 삶과 죽음은 해가 뜨고 지는 것을 보는 것과 같은 것이다. 살아있다고 도가 있는 것이 아니고 죽었다고 해서 도를 잃은 것이 아니다. 도를 향한 의지가 강하다면 죽어도 도를 잃지 않고 도의 삶을 이어갈 것이다.

제 34 장

大道汎兮, 其可左右。
萬物恃之以生而不辭, 功成不名有, 爱養萬物而不為主。
常無欲, 可名於小, 萬物歸焉而不為主, 可名為大。
是以聖人終不為大, 故能成其大。

[해석]

대도는 넘치듯 풍부한 물과 같아서 좌우 어디든 닿지 않는 곳이 없다. 만물이 도에 의존하여 생성되지만 이를 마다한 적이 없고 공을 이루었지만 자신을 내세우지 않는다. 만물을 아끼고 양육하지만 주재하여 관리하지 않는다. 변함없이 항상 욕심이 없으니 작은 존재라고 할 수 있겠으나 만물이 대도로 되돌아옴에도 주인이 되려 하지 않으니 가히 그 이름을 위대하다 하지 않을 수 없다. 그리하여 성인은 시종 크게 이루려 하지 않으니 더욱 크게 이룰 수 있게 된다.

[주석]

범혜(汎兮): 물에 떠 있는 배처럼 여기저기로 갈 수 있다는 의미와 물이 넘쳐 이곳저곳을 적실만큼 풍부하고 광범위하다는 뜻을 갖고 있음.
불위주(不爲主): 주인 역할을 하지 않는다. 주재하지 않는다의 의미임.

상무욕(常無欲): 도가 갖는 무욕의 본성. 어떠한 경우에도 변하지 않는 절대적인 무욕. 성인의 무욕은 인간의 무욕이므로 상무욕이라고 하지 않음.

[해설]

대도는 넘치듯 풍부한 물과 같다. 좌우 어디든 닿지 않는 곳이 없고 천하의 어느 곳도 도가 들어가서 적합하지 않은 곳이 없다. 만물이 도에 의존하여 생성되지만 도는 한 번도 그것을 마다한 적이 없다. 공을 세우고도 자신을 내세우지 않는다. 만물을 아끼고 양육하지만 주재하여 관리하지 않는다. 항상 욕심이 없으니 마치 도가 소심하고 작은 존재인 것처럼 보인다. 하지만 모든 만물이 도의 근본으로 되돌아와 다시 태어나도 도는 자신을 내세우는 적이 없으니 도라는 이름이 실로 위대하다고 하지 않을 수 없다.

그리하여 성인은 대도와 같이 시종 크게 이루려 하지 않음으로써 더욱 더 크게 이룬다. 도를 본받아 덕을 숨기고 이름을 감추니 그 명성이 갈수록 커지고 작은 일로부터 시작하여 큰일을 도모하고 쉬운 일로부터 시작하여 어려운 일에 대처하니 이루어지지 않는 일이 없다. 자신을 크게 생각하지 않으니 가장 큰 사람이 되었고 큰 것을 취하려 하지 않으니 가장 큰 것을 이룰 수 있게 되었다.

제 35 장

執大象, 天下往。往而不害, 安平太。
樂與餌, 過客止。道之出口, 淡乎其無味。
視之不足見, 聽之不足聞, 用之不足既。

[해석]

형상을 알 수 없을 만큼 큰 도를 잡고 세상으로 나가면 어디를 가더라도 해를 입지 않고 편안하고 태평하다. 좋은 음악과 맛있는 음식이 있으면 지나던 손님도 발을 멈춘다. 그러나 도를 말하는 것은 담담하여 맛을 느낄 수 없다. 봐도 보이지 않고 들어도 들리지 않는다. 그렇다하여 도가 부족한 것이 아니다. 도는 사용해도 끝이 나지 않을 만큼 충분하다.

[주석]

집(執): 손으로 꼭 잡고 놓지 않는 것임. 손으로 잡아 지킨다는 의미로 해석함.
대상(大象): 너무 커서 형상 없는 형상이라는 뜻으로 도를 의미함.
악여이(樂與餌): 음악과 맛있는 음식, 백성을 회유하기 위한 그럴 듯한 포고문이나 정책으로도 해석됨.
용지불가기(用之不可旣): 사용하는 것이 다할 수 없다. 사용해도 다 없어지지 않는다는 의미임.

[해설]

도가 대상의 큰 형상으로 천하에 왕림하여 만물을 이롭게 한다. 그럼에도 불구하고 대상의 모습이 너무 커서 아무도 도를 알아보지 못한다. 시장에서 좋은 음악에 맛있는 떡을 팔면 지나던 과객이 걸음을 멈춘다. 도가 하는 말은 담담하여 맛을 느낄 수 없고 보아도 보이지 않고 들어도 들리지 않으니 모이는 사람도 없고 도를 아는 사람도 없다. 그러나 만물도 과객과 같아서 음악을 듣고 떡을 먹고 나면 자리를 떠난다. 듣기 좋은 음악과 맛있는 떡은 유위를 행하는 인위적인 작위와 같다. 떡은 모두를 배불리 먹일 수 없고 음악도 계속 들으면 즐거워하지 않는다. 인의예악으로 천하의 마음을 얻으려 하지만 유위로 얻은 민심은 오래가지 못한다. 도는 쓰고 또 써도 다 쓸 수 없을 만큼 충분하고 잘 들리지 않으니 오래 들어도 싫어하는 사람이 없다. 변함없이 영구불변한 것이 도이므로 영원히 천하를 인도하는 것은 오직 도 일뿐이다.

제 36 장

將欲歙之必固張之, 將欲弱之必固強之, 將欲廢之
必固興之, 將欲奪之必固與之。
是謂微明。
柔弱勝剛強。
魚不可脫於淵, 國之利器不可以示人。

[해석]

모으려고 하면 반드시 펴야하고 약해지려 한다면 반드시 강해져야 하고 폐하려 한다면 반드시 흥성해야 하고 빼앗으려 한다면 반드시 주어야 한다. 이것을 알기 어려운 미묘한 견식이라 하며 미명(薇明)이라고 한다.

유약한 것은 단단하고 강한 것을 이긴다. 물고기가 연못을 떠날 수 없는 것은 국가의 유익한 물건을 다른 사람에게 보여주지 않는 것과 같다.

[주석]

흡(歙): 거두어 들이다의 렴(斂)의 뜻, 모으다의 취(聚)과 닫다. 접다.합치다(合)의 뜻임. 본문에서는 같이 일어나다. 시작하다의 합기(合起)로 해석함.

고(固): 본래. 당연히의 뜻. 또는 잠깐. 잠시의 뜻임.
미명(薇明): 희미하게 아는 것. 미묘한 깨우침으로 해석함.
국지이기(國之利器): 나라를 다스리는 것에 유익하게 사용되는도구를 의미함. 도를 의미함.
불가이시인(不可以示人): 국가를 다스리는 비결을 다른 사람에게 알려줄 필요가 없다는 말임. 도가 개인과 국가를 안전하게 해준다는 의미로 해석함.
장욕(將欲)과 필고(必固): 장욕은 앞으로 …하려는 것이니 앞으로 그러하다는 것이고 필고는 필시 확실한 것을 의미하므로 이미 그러하다는 의미임.

[해설]

마음이 물질에 가 있으면 욕망을 따라 움직이므로 돌아갈 곳을 알지 못하고 계속 움직이게 된다. 그리하여 성인은 억지로 그러한 마음을 멈추려 하면 멈춤을 이루지 못한다는 것을 알고 있다. 따라서 모으려면 반대로 넓게 펴고 약하게 하려면 반대로 강하게 하고 폐하려면 반대로 흥하게 하고 빼앗고 싶으면 반대로 주는 것을 택한다. 무릇 마음이 움직이는 것을 멈추게 하려고 할 때 멈춤으로써 마음의 움직임을 멈추려 하면 멈추는 것을 얻지 못한다. 필히 반대로 움직여서 멈춤을 구한다. 스스로 반대로 움직여서 허황된 것을 보게 되면 마음의 움직임이 고갈되고 허황된 것이 폐해지고 진실한 것으로 되돌아오게 된다는 것으로 생각하였다. 자연적으로 멈춰지게 되면 움직이려 해도 움직일 마음이 생기지 않는다. 성인이 마음을 억제하고 정에서 벗어나는 도를 설명한 것이다. 마치 교묘한 지혜를 사용하는 것처럼 보통 사람들이 알기 어렵다고 하여 이것을 미명(薇明)이라고 한다.

이것이 유와 약을 아는 미명이며 이 미명의 지혜가 단단하고 강한 욕망을 이길 수 있다. 그러므로 성인이 도의 어머니 품에서 떨어질 수 없는 것이다. 도의 어머니 품에서 떨어지는 것은 물고기가 연못을 떠나는 것과 같다. 연못을 떠나는 위험에 처하지 않도록 하는 것이 미명의 지혜를 아는 것이며 이것은 국가의 이기를 다른 사람에게 보여줄 수 없는 것과 같다. 반대로 하는 행위가 근본을 넘어서지 않아야 하기 때문이다. 성인의 미명을 약을 처방하는 것에 비유한다. 꼭 필요한 경우 근본(本)을 살리기 위하여 말(末)을 사용한 것이다. 그러나 이것은 상인의 이익추구와는 다르다. 상인은 교묘한 방법으로 항상 변함없이 이익만을 추구하기 위하여 말을 사용한다. 따라서 미명을 세속적인 방법을 사용하는 것으로 생각하는 것은 지나친 생각이다. 자칫하면 본말이 전도될 수 있다.

제 37 장

道常無為, 而無不為。

侯王若能守之, 萬物將自化。

化而欲作, 吾將鎮之以無名之樸。

無名之樸, 亦將無欲。

不欲以靜, 天下將自定。

[해석]

도는 항상 무위를 행하지만 하지 못하는 것이 없다. 후왕들이 도를 지킬 수 있다면 만물이 장차 저절로 조화를 이루게 될 것이다. 만물의 조화를 누구든 조작하려 한다면 나는 장차 이름 없는 소박함으로 그것을 진정시킬 것이다. 이름 없는 자연의 통나무는 앞으로도 욕심 없는 소박한 마음을 지켜나갈 것이다. 욕심을 버려 고요함을 유지하면 천하는 저절로 안정될 것이다.

[주석]

무불위(無不爲): 어떠한 일도 하지 못하는 것이 없다. 모든 것을 행한다는 의미임.

진(鎭): 진정시킨다. 힘으로 제압하여 인정시켜서 움직이지 못하게 한다는 의미임.

[해설]

도가 도일 수 있는 것은 상을 행하기 때문이다. 도의 본체가 무명이기 때문에 무위를 행하고 무위로 유명을 사용하니 하지 못하는 것이 없다. 따라서 후왕도 도의 상을 지켜나간다면 만물의 이치를 얻게 되는 것이므로 만물이 스스로 조화를 이루어 천지가 바르게 될 것이다.

이와 같이 도는 무와 유를 오간다. 사람들은 희·노·애·락에서 시작하여 마지막에는 예악과 형법으로 끝난다. 유의 끝에서 돌아오지 못하면 도를 잃는 것이다. 그러므로 성인은 유명을 사용하면 다시 돌아와 무명의 순박함으로 본성의 고요함을 지킨다. 계속 유연함과 순박함을 사용하면 원래의 순박함을 지키기 어렵기 때문이다. 그러므로 자연의 이름 없는 무명의 순박함으로 무위자연의 도를 지키려 하는 것이다.

이름 없는 자연의 순박함은 앞으로도 무욕으로 남아 도를 지킬 것이다. 욕심을 부리지 않음으로써 도의 본성으로 되돌아가는 고요한 정(靜)을 지키면 세상은 장차 저절로 안정될 것이다.

하 편

老子德經

제 38 장

上德不德是以有德, 下德不失德是以無德。
上德無為而無以為, 下德為之而有以為。
上仁為之而無以為, 上義為之而有以為,
上禮為之而莫之應, 則攘臂而扔之。
故失道而後德, 失德而後仁, 失仁而後義, 失義而後禮。
夫禮者, 忠信之薄而亂首。
前識者, 道之華而愚之始。
是以大丈夫處其厚, 不居其薄, 處其實, 不居其華。
故去彼取此。

[해석]

상덕은 사람들이 알아보지 못하여 덕으로 생각하지 않는다. 그래서 상덕이 덕인 것이다. 하덕은 사람들에게 잘 알려져서 덕을 잃지 않았다. 그래서 하덕은 덕이 없는 것이다. 상덕은 무위를 행하고 작위를 행하지 않는다. 하덕은 유위를 행하고 작위를 행한다. 상인은 유위를 행하고 작위를 행한다. 상례는 유위를 행하고 작위에 대해서는 대응하여 답하기가 어렵다. 서로 팔을 걷고 싸우는 일이 많기 때문이다. 그리하여 도를 잃으면 후에 덕이 나타나고 덕을 잃으면 후에 인이 나타나며 인을 잃으면 후에 의가 나타나고 의를 잃으면 후에 예가 나타난다. 무릇 예라는 것은 충성된 마음과 믿음을 약화시키고 혼란을 야기하는 시작이 된다. 무책임하게 말을 꾸며대는 지식인들이 도를 꾸며서 화려하게 치장하니 이것이 우매함의 시작이다. 그러므로 대장부는 후덕함으로 처신하여 얄팍한 행동을 하지 않고 진실함으로 처신하여 화려한 것을 가까이하지 않는다. 고로 화려한 예를 버리고 순박한 도를 취한다.

[주석]

무이위(無以爲): 이(以)는 사용(用)을 의미하고 이위(以爲)는 목적을 갖고 행하는 행위 즉 작위를 의미함. 따라서 무이위는 인위적인 작위를 행하는 것이 없다는 뜻임.
수(首): 시작의 뜻임.
전식(前識): 맹자 중용(中庸)의 전지(前知)와 여씨춘추(呂氏春秋)의 선식(先識)과 왕필(王弼)의 전식(前識)은 사물의 형상을 미리 아는 것. 선경지명. 남보다 한 발 먼저 아는 것으로 해석하였으나 한비자(韓非子)는 실제와는 거리가 있는 전혀 근거 없는 추측이라고 해석함. 하상공(河上公)은 전식(前識)을 알지 못하면서 아는 체 하는 사람들의 말이라 하였음. 본문에서는 전식을 말하기 좋아하는 수준 낮은 지식인들의 무책임한 말로 해석하였음.
후(厚): 후덕함
거피취차(去被取此): 피(彼)의 저것은 예와 지혜를 의미하고 차(此)의 이것은 순박한 도의 근본 또는 상덕의 후덕함을 뜻함.

[해설]

도는 형체도 없고 보이지 않고 잡히지도 않으니 인간이 얻을 수 있는 존재가 아니다. 인간이 도를 본받고 따름으로써 배우려고 노력할 때 품성으로 나타나는 것이 덕이다. 도를 닮은 온화하고도 담담한 마음이다. 덕은 상덕과 하덕으로 나눌 수 있다. 도와 같은 마음이 되어서 무욕의 상태로 무위를 행하는 것을 상덕(上德)이라고 하고 도를 따르지만 욕심을 버리지 못하고 인간의 상태에 머문 것을 하덕(下德)이라고 한다. 상덕은 도와 같은 마음이어서 사람들이 이를 알아보지 못한다. 그리하여 상덕을 덕이라고 말하지 않는다. 사람들이 도를 알지 못하듯이 상덕을 덕이라고 하지 않으니 상덕이 덕이 있는 것이다. 하덕은 항상 사람들을 가까이하고 온화하게 대하기 때문에 많은 사람들로부터 칭송을 받고 명성이 드높다. 이것은 사람들의 앞에 서지 않고 사람들의 밖에 서는 도와는 다르다. 하덕은 이처럼 많은 사람들에게 덕을 잃지 않았으므로 그래서 덕이 없는 것이다. 목적을 갖고 인위적으로 보여주기 위한 덕은 상덕이 아니다. 인과 의와 예는 상하로 나누지 않았다. 본래 도보다 작은 것이고 단계적으로 내려가는 것이어서 굳이 상하로 나눌 필요가 없었다.

상덕은 무위를 행하고 또한 작위를 행하지 않는다. 도의 경지에 오른 성인의 마음이다. 바다와 같이 넓고 어머니처럼 조건 없이 사랑을 베푸는 온화한 마음이다. 하덕은 유위를 행하고 작위를 행한다. 하덕은 특정한 목적을 위하여 도를 본받고 의도적으로 도를 사용하려고 노력한다. 도를 닮으려고 노력하지만 세속적인 작위를 행하기 때문에 자연과는 거리가 있다. 후세까지 이름을 날리고 시호를 받아 칭송되는 군주의 덕이 하덕에 속한다. 하덕은 구하여 얻은 것이니 필히 잃는 것이 있고 인위적인 작위로 만들어진 것이니 필히 패하는 것이 있게 된다.

상인은 유위를 행하지만 작위를 행하지 않는다. 상인은 상덕보다 약한 경지이다. 갈수록 백성을 다스리기가 어려워져서 부득이 유위를 행하지만 사적인 치우침이 없는 덕의 품성을 지녔으므로 인위적인 작위를 행하지 않고 순수한 자애를 베푼다. 태고의 전설적인 황제로 전해지는 황제(黃帝)를 상덕이라고 한다면 요임금과 순임금을 상인에 속한다.

상의는 유의를 행하고 또한 작위를 행한다. 상의는 상인의 아랫단계로서 인과 같이 행해질 수 있지만 서로 겸해질 수 없는 개념이다. 끊고 맺는 것이므로 의는 마땅히 해야 할 것을 하는 것을 의미한다. 인위적인 작위가 많아질수록 마땅히 해야 할 책무가 많아지고 갈등과 배반을 낳고 처벌과 항거로 이어진다.

상례는 유위를 행하고 작위를 논하기 어려운 마지막의 단계이다. 도가 약해지면 마지막으로 보충하는 방책이라 할 수 있다. 법과 제도를 만들어 시행하고 서열을 정하여 위엄을 높이도록 많은 의식을 거행한다. 의식이 화려하고 성대할수록 진실이 약해지고 법과 제도가 많아질수록 허위와 번잡함이 늘어난다. 상례가 과하면 도와는 더욱 더 멀어진다. 너무 번잡하여 분쟁이 끊이지 않으니 목적을 두고 행한다 하더라도 호응하기 어렵고 작위를 논하기 어렵다. 그러므로 예로써 반응이 오지 않으면 형벌과 병력이 동원된다.

그리하여 개괄적으로 도와 인·의·예와의 관계를 설정해 본다면 도를 잃은 후에 덕을 내세우게 되고 덕을 잃은 후에 인을 내세우며 인을 잃은 후에 의를 내세우고 의를 잃은 후에 예를 강화 시킨다고 말할 수 있다. 마지막의 예는 도를 지키기 위하여 행해진다고 하지만 실제로는 충성된 마음과 믿음을 약화시키고 혼란을 야기하는 시작이 된다. 무책임하게 말을 꾸며대는 수준 낮은 지식인들이 도를 꾸며서 화려하게 치장하는 것은 우매함의 시작이라고 할 수 있다. 그러므로 대장부는 후덕함으로 처신하여 얄팍한 행동을 절제하고 진실함으로 사람들을 대하고 화려한 것을 가까이하지 않는다. 그리하여 화려한 예를 버리고 순박한 도를 취한다.

제 39 장

昔之得一者, 天得一以清, 地得一以寧, 神得一以靈,
谷得一以盈, 萬物得一以生, 侯王得一以為天下正。
其致之, 天無以清將恐裂, 地無以寧將恐發,
神無以靈將恐歇, 谷無以盈將恐竭, 萬物無以
生將恐滅, 侯王無以貴高將恐蹶。
故貴以賤為本, 高以下為基。
是以侯王自謂孤寡不轂。
此非以賤為本邪。非乎。
故致數輿無輿。不欲琭琭如玉, 珞珞如石。

[해석]

옛날에 도 하나를 얻어 모든 것이 이루어졌으니 하늘이 맑고 땅이 안녕하고 신명이 영험하며 골짜기에 정기가 가득하고 만물이 생겨나고 후왕이 도를 얻음으로써 천하를 평정하였다. 도 하나로써 그러한 것들에 이르렀으니 하늘이 더 이상 맑을 수 없어 장차 파열될까 두렵고 땅이 더 이상 안녕할 수 없어 장차 발산될까 두렵고 신명이 더 이상 영험할 수 없어 장차 멈출까 두렵고 골짜기의 정기가 더 이상 채울 수 없어 장차 고갈될까 두렵고 만물이 더 이상 생성될 수 없어 장차 소멸될까 두렵고 후왕이 더 이상 존귀할 수 없어 장차 신분이 전도될까 두렵다. 고로 귀한 것이 천한 것을 근본으로 삼고 높은 것이 낮은 것을 터전으로 생각한다. 이리하여 후왕은 스스로를 고아나 과부처럼 외로운 사람이라 하여 고가나 과인이라 칭하고 수레바퀴 통보다 못하다 하여 불곡이라 낮추어서 칭한다. 이렇게 한다고 해서 실제로 천한 것을 근본으로 삼는 것은 아니지 않는가? 수레가 만들어지려면 여러 가지 부품이 필요한데 사람이 타는 가마만 여러 개 있다고 하여 수레가 만들어지는 것은 아니다. 그러므로 후왕은 옥처럼 특별한 사람이 되려 하지 말고 돌처럼 하찮은 사람이 되려고 해야 한다.

[주석]

득일(得一): 하나를 얻는다는 것은 하나를 안아서(抱一)과 마찬가지로 도의 힘으로, 도를 체득하여, 도로써 …하다는 의미임.
무위이지(無爲以之): 더 이상 …할 수 없다는 의미임.
기치지(其致之): 치(致)는 이르다. 도달하다. 극치를 이르다(至, 到達, 極致)의 의미로, 하나를 얻어 그러한 상태에 도달하였다는 의미임. 왕필본에는 기치지일야(其致之一也)로 되어 있음. 본문은 하상공본을 따랐으며 일야(一也)가 생략 된 것으로 보임.
렬(裂): 파열. 파손되다의 뜻임.
발(發): 흩어지다. 발산(發散)되다. 발설(發泄)되다의 뜻으로 해석함.
헐(歇): 고갈되다의 뜻임.
궐(厥): 전복되다의 뜻임.
고과(孤寡): 고독한사람의 고가(孤家)와 혈혈단신이라는 뜻의 과인(寡人)을 뜻함.
불곡(不穀): 곡은 수레바퀴통으로 바퀴살을 가운데로 모아서 바퀴를 지탱하는 역할을 함. 군주가 이 말을 사용하는 것은 인재를 한 곳으로 모아나라를 다스려 나간다는 의미임. 불곡이라 하면 덕이 없어 사람들이 군주에게로 모여들지 않는다는 겸손함의 표현으로 자신을 칭하는 말임.
치수여무여(致數車無車) 치(致)는 성공에 이르다. 달성하다는 뜻으로 수레를 완성하는 것으로 해석함 수(數)는 상성(上聲)으로 여러 개, 많다는 뜻임. 여(輿)는 수레 중 사람이 올라타는 가마 부분을 말함. 따라서 수레의 많은 부분 중 사람이 올라타는 가마를 만들었다 하여 수레가 완성된 것은 아니라는 의미임.
녹록(琭琭): 드물어서 찾기 힘든 모양을 뜻함.
낙락(珞珞): 흔하게 많이 널려 있는 모양을 뜻함.

[해설]

하나는 도를 의미한다. 변하지 않는 절대자는 오직 도 하나뿐이다. 만물이 존재할 수 있는 것은 도가 있기 때문이다. 도로써 모든 것이 이루어진다. 그러나 사람들은 만물을 보면서 도를 생각하지 않는다. 하늘은 그저 맑다고 생각하고 땅은 항상 안전하다고 생각하고 신명은 영험한 것이라고만 생각하고 골짜기는 정기가 가득하다고 생각할 뿐이다. 만물은 계속 생성되는 것으로만 알고 있고 후왕 또한 자신이 천하를 평정한 것으로만 알고 있을 뿐이다. 그러므로 도를 알고 있는 성인은 더 이상 하늘이 맑을 수 없어 장차 파멸될까 두렵고 신명이 더 이상 영험할 수 없어 멈출까 두렵고 골짜기의 정기가 더 이상 채워 질 수 없어 고갈될까 두렵고 만물이 더 이상 생성되지 못하고 소멸될까 두렵고 후왕은 더 이상 존귀할 수 없어 장차 위아래가 전도될까 두렵다. 그러므로 귀한 것이 천한 것을 근본으로 삼고 높은 것이 낮은 것을 기초가 되는 터전으로 삼는다.

우임금은 몸소 기장을 심어 먹고 순임금은 작은 시냇가에서 그릇을 빚었으며 주공은 평민이 사는 작은 가옥에서 생활하였다. 그리하여 후왕들도 자신을 고아나 과부처럼 외로운 사람이라 하여 고가(孤家)나 과인(寡人)이라 칭한다. 인재를 모으지 못하는 못난 군주는 바퀴살을 모으는 수레바퀴만도 못하다는 의미로 불곡(不轂)이라 칭한다. 스스로 겸허함을 보이려고 노력하는 것이다. 그러나 그렇게 한다고 해서 천한 것을 사회의 근본으로 생각하는 것은 아니지 않은가? 수레를 만들려면 많은 부품이 필요하다. 수레에서 사람이 올라타는 가마가 가장 큰 것이지만 그것만 갖고는 수레를 만들 수 없다. 사람들이 알지 못하는 작은 부품이라도 없다면 수레를 완성할 수 없다. 그러므로 후왕들은 옥처럼 귀하고 특별한 사람만 되려고 하지 말고 돌처럼 하찮은 사람이 되려고 노력해야 할 것이다.

제 40 장

反者道之動, 弱者道之用。
天下萬物生於有, 有生於無。

[해석]

되돌아가는 것은 도가 움직이는 방식이고 유약함은 도가 사용하는 수단이다. 천하 만물은 유에서 생기고 유는 무에서 생긴다.

[주석]

반(反): 근원으로 복귀한다는 뜻임. 돌아온다의 (返)과 같은 의미임.
용(用): 사용하는 수단과 방법을 뜻함.

[해설]

도는 무와 유를 오가며 만물의 생성과 소멸을 관장한다. 모든 만물이 유의 세상으로 나왔다가 무로 되돌아간다. 도의 근본으로 되돌아가서 복명으로 본성을 명 받고 다시 태어나는 것이다. 이렇게 생성되고 다시 무로 돌아가는 것이 도가 움직이는 방식이다.

본래 유약했던 기가 음양의 조화를 이루면 형체를 갖추고 유의 형태로 태어나게 된다. 시간이 갈수록 더욱 단단하고 강해져서 유약함이 다하게 되면 소멸되어 다시 기로 환원된다. 도가 이 유약한 기를 사용하여 다시 만물을 생성한다. 그러므로 유약한 것은 도가 사용하는 수단이다.

생성된 만물은 소멸되면 원래의 기의 형태로 되돌아간다. 기는 볼 수도 없고 잡을 수도 없는 무의 형태이지만 완전한 무가 아닌 유이다. 도는 기 형태의 유에서 음양의 조화로 천하 만물을 생성한다. 하지만 기도 태초에 아무것도 존재하지 않는 무에서 생겨난 것이니 유는 무에서 생긴 것이고 천하 만물도 결국에는 무에서 생긴 것이라고 할 수 있다.

제41장

上士聞道, 勤而行之。
中士聞道, 若存若亡。
下士聞道, 大笑之。不笑不足以為道。
故建言有之, 明道若昧, 進道若退, 夷道若纇。
上德若谷, 大白若辱, 廣德若不足。
建德若偷, 質真若渝。
大方無隅, 大器晚成, 大音希聲, 大象無形, 道隱無名。
夫唯道善貸且成。

[해석]

상급의 선비는 도를 듣게 되면 열심히 배우고 행하려고 노력한다. 중간급의 선비는 도를 듣게 되면 도가 존재하는 것인지 아닌지 반신반의한다. 하급의 선비는 도를 들으면 큰 소리로 웃는다. 크게 웃지 않으면 그것은 도가 아닐 것이다. 그러므로 옛말에 따르면 도에 밝으면 어두운 것처럼 보이고 도에 정진하는 것은 퇴보하는 것처럼 보이고 평탄한 도는 험난한 것처럼 보인다. 상덕은 덕으로 보이지 않으니 골짜기처럼 텅 빈 것으로 보이고 도의 결백함은 오히려 욕되게 보이고 넓은 덕은 마치 덜 채워진 듯 부족해 보인다. 잘 쌓은 덕은 마치 게

으른 것처럼 보이고 순수한 본성은 변할 것처럼 보인다. 큰 모서리는 뾰족한 곳이 없고 큰 그릇은 완성하는데 시간이 걸리고 아주 큰 음성(大音)은 소리를 들을 수 없고 아주 큰 형상(大象)은 형체를 알 수가 없으며 도는 숨어 있어 이름을 알 수가 없다. 오로지 도는 도의 본성을 만물에 빌려주고 또한 만물은 그것을 받아 생성될 뿐이다.

[주석]

근(勤): 힘 써 노력하다의 뜻임.
건언(建言): 건은 (設) 또는 입(立)의 뜻으로 의견을 세운다는 뜻임. 주장을 말하거나 제기하다는 의미임.
이(夷): 평이하다는 뜻임.
뢰(纇): 매듭. 마디, 흠이나 결점의 뜻임. 대도가 평이하여 오히려 구불구불하게 멀리 이어진 길(施)로 들어 갈 것을 걱정한다는 의미임.
투(偸): 목전의 안일을 탐하여 건성 건성하다. 게으르다의 의미임.
유(渝): 변하여 달라지다의 의미임.

[해설]

노자가 말한 상중하의 사람은 《역경》에서 말하는 형이상(形而上)과 형이하(形而下)를 뜻하는 것으로 보인다. 《역경》에서는 형이상을 도(道)라고 하였고 형이하를 기(器)라고 하여 정신적인 무와 물질적인 유로 구별하였다. 그러므로 도에 마음을 두고 있는 형이상의 사람은 도에 대한 말을 들으면 배우고 실행하려고 노력하지만 물질에 관심을 두고 사는 형이하의 사람은 도에 관한 말을 들으면 웃지 않을 수 없다는 말이다. 도에 관하여 아는 바도 없고 부와 명예를 위하여 전심을 다하는 사람에게 자신을 비우고 자연을 닮으라고 하면 웃지 않는 것이 더 이상한 일 아니겠는가?

그러므로 옛말에 따르면 도에 밝으면 세상 물정에 어두운 것처럼 보이고 도에 정진하면 현실에서 퇴보하는 것처럼 보이고 평탄한 대도는 구불구불한 험로처럼 보인다. 그리하여 사람들은 대도를 두고 좁은 지름길을 찾는다. 대도로 가면 더 많은 시간이 걸릴 것으로 생각하기 때문이다. 상덕은 덕으로 보이지 않으니 골짜기처럼 텅 빈 것으로 보이고 순백의 순결함은 오염될까 염려되어 오히려 욕되게 보이며 광대한 덕은 너무 넓어서 덜 채워진 듯 부족해 보이고 오래 쌓은 덕은 자연을 따르니 아무것도 하지 않는 태만한 것으로 보이고 순수한 도의 본성은 만물의 변화를 따르므로 쉽사리 변할 것처럼 보인다. 큰 모서리는 뾰족한 각이 없는 법이고 큰 그릇은 완성하는데 시간이 걸리며 아주 큰 소리(大音)은 사람의 귀에 들리지 않고 아주 큰 형상(大象)은 사람의 눈으로 형체를 구별할 수 없다. 모든 만물에 도가 숨어 있으나 도의 이름은 존재하지 않는다. 오직 도는 도의 순수한 본성을 만물에 빌려주고 만물은 도의 본성을 부여 받아 생성될 뿐이다. 도가 도의 본성을 빌려주어 만물과 접속하고 또한 만물을 생성하고도 주관하여 나서지 않고 무위를 행한다. 그러나 만물은 도의 본성을 빌려 생성된 것조차 알지 못하니 이러한 것이 도의 현묘함이 아니겠는가?

제 42 장

道生一, 一生二, 二生三, 三生萬物。
萬物負陰而抱陽, 沖氣以為和。
人之所惡, 唯孤寡不轂, 而王公以為稱。
故物或損之而益, 或益之而損。
人之所教, 我亦教之。
強梁者不得其死, 吾將以為教父。

[해석]

도가 하나를 낳고 하나가 둘을 낳고 둘이 셋을 낳고 셋이 만물을 낳는다. 만물은 음을 등에 지고 양을 가슴에 안고 기를 부딪쳐서 이루어진 혼합체이다. 사람들이 싫어하는 것을 단지 고·과·불곡으로 표현하여 왕과 공들이 자신을 낮추어 불렀다. 고로 모든 사물은 때로는 손해를 본 것이 이익이 되고 때로는 이익을 본 것이 손해가 되기도 한다. 다른 사람들이 나에게 가르친 것을 나 또한 다른 사람에게 가르친다. 강대한 사람은 제명에 죽지 못한다. 나는 이것을 장차 가르침의 근본으로 삼을 것이다.

[주석]

충(沖): 부딪히다. 충돌하다의 (衝)의 뜻임.
강량자(強梁者): 벼리고 강한 힘을 중심으로 나라를 다스리는 군주 또는 도가 말하는 유약의 처세를 중요시하지 않고 힘에 의존하는 강대한 힘의 소유자를 의미함.
부득기사(不得基死): 제 때에 죽지 못한다. 제명에 죽지 못한다는 의미임.
교부(敎父): 최고의 스승. 가르침의 대부라는 뜻임. 하상공(河上公)은 부(父)를 시작(始)으로 해석하여 가르침의 시작이라 하였음. 경계 하도록 가르침에 있어서 우선 하겠다는 뜻이니 둘 다 해석에 무리가 없을 것으로 생각됨.

[해설]

도가 하나를 낳고 하나가 둘을 낳고 둘이 셋을 낳고 셋이 만물을 생성한다. 도가 기를 낳고 기가 음양의 둘로 나뉘고 둘은 섞여 음과 양 그리고 섞인 것의 셋이 되고 이 셋이 조화를 이루어 만물을 생성한다. 만물은 음을 등에 지고 양을 가슴에 안고 기를 섞어 서로 부딪치게 해서 만든 혼합체이다. 이러한 방식으로 도는 하나로 시작하여 둘이 되고 둘은 셋이 되고 셋은 넷이 되고 계속 늘어나 만물을 이루게 되었다. 이와 같이 모든 만물이 도로써 생겨난 것임을 알았다면 왕과 공들은 마땅히 귀하게 되더라도 천한 것을 잊지 않고 높은 자리에 오르더라도 낮은 것을 잊지 않아야 한다.

그리하여 왕과 공들은 사람들이 되기 싫어하는 외로운 사람이라는 뜻으로 고가(孤家)라 칭하고 혈혈단신이라는 뜻으로 과인(寡人)이라 칭하며 덕이 없어 사람이 모이지 않는다는 뜻으로 불곡(不穀)이라 칭하여 자신의 겸허함을 표현하려고 노력한다. 오만한 것이 손해가 되고 겸허한 것이 이익이 된다는 것을 알고 있기 때문이다. 그러므로 세상의 모든 사물은 때로는 손해를 본 것이 이익이 되고 때로는 이익을 본 것이 손해가 되기도 한다. 강하고 존귀한 것만이 이익이 되는 것이 아니다. 사람들이 가르치는 것을 나 역시 가르칠 것이다. 강대한 자는 제명에 죽지 못한다는 것을 알고 있다. 내가 장차 사람들을 가르친다면 제일 먼저 이것부터 가르칠 것이다.

제 43 장

天下之至柔, 馳騁天下之至堅。
無有入無間, 吾是以知無為之有益。
不言之教, 無為之益, 天下希及之。

[해석]

천하에서 가장 유약한 것이 천하에서 가장 견고한 것을 마음대로 드나든다. 형체가 없는 무유는 간격이 없는 곳까지도 들어갈 수 있으니 나는 이러한 사실을 통하여 무위가 유익한 것임을 알고 있다. 말없이 가르침을 주는 무위의 유익함을 아는 사람이 거의 없다.

[주석]

지(至): 지극히. 가장. 극치의 뜻임.
치빙(馳騁): 가고 싶은 대로 치닫는 것을 의미함.
희(希): 드물다는 뜻. 희(稀)로 해석함.

[해설]

유약한 것이 견고한 것을 마음대로 드나든다. 그렇다 하여 유약한 것이 없어지는 것도 아니고 견고한 것이 잘못되는 것도 아니다. 도가 그와 같고 만물 중에서는 기와 물이 그러하다. 유로써 유에 들어가려면 서로 받아들이지 않지만 무로써 유에 들어가면 무는 수고롭지 않게 들어가고 유는 충격을 느끼지 못한다. 그리하여 성인은 오직 무위로써 만물을 더욱 강하게 하고 만물을 마음대로 드나들지만 만물에 해를 주는 일이 없다. 그래서 나는 무위가 모든 만물에게 유익한 것임을 알고 있다.

말을 많이 하고 법규를 많이 제정하는 것은 도의 무위와는 부합하지 않는 것들이다. 유를 유로 해결하려 하고 강한 것을 강한 것으로 해결하려 하면 문제는 더욱 번잡해지고 혼란이 끊이지 않게 된다. 말없이 교화를 행하는 도의 가르침과 그러한 가르침으로 자연의 이치를 깨닫는 무위자연의 유익함만이 만백성을 편안하게 하고 나라를 태평하게 할 것이다. 그러나 말 없는 가르침과 무위의 유익함을 만날 수 있는 일이 흔치 않다. 오직 도를 체득한 성인만이 할 수 있기 때문이다.

제 44 장

名與身孰親。身與貨孰多。得與亡孰病。
甚愛必大費, 多藏必厚亡。
知足不辱, 知止不殆, 可以長久。

[해석]

명예를 갖는 것과 자신을 보전하는 것 중 어느 것이 먼저인가? 자신과 재화 중 어느 것이 더 중요한가? 얻는 것과 잃는 것 중 어느 것이 잘못된 일이겠는가? 지나치게 애착을 갖게 되면 필히 그 대가를 치르게 되고 많이 쌓으려 하면 필히 그만큼 크게 잃게 된다. 만족할 줄 알면 욕되지 않고 멈출 줄 알면 위태로운 지경에 처하게 되지 않고 오랫동안 자신을 보전할 수 있을 것이다.

[주석]

친(親): 친밀하다. 가깝다는 뜻임.
심(甚): 지나치다는 뜻임.
대비(大費): 큰 비용이 든다. 큰 대가를 치른다는 의미임.

[해설]

노자의 자신을 버리라는 말은 자신을 잃는 것을 뜻하는 것이 아니다. 자신이 귀한 것을 알고 자신을 비움으로써 더 오랫동안 존귀함을 지키라는 것이다. 명리와 재화가 나쁜 것이어서가 아니라 자신을 잃지 않기 위해 자신을 도에 맡기라는 말이다. 그러나 사람들은 이를 시행하지 못한다. 명리와 재화를 자신과 동일시하여 명리와 재화를 귀하게 여기는 것이 자신을 귀하게 하는 것으로 생각한다. 그리하여 자신의 존귀함을 명리와 재화로부터 구별하지 못한다. 이름을 날리면 제 몸에 소홀하고 재물을 탐하면 끊임없이 이를 좇다가 자신을 망친다. 지나치게 애착하면 대가를 치르고 많이 쌓을수록 크게 잃는 것이 자연의 이치이다.

만족할 줄 알면 욕되지 않는다. 멈출 줄 알면 위태로운 지경에 처하지 않는다. 만족할 줄 알아서 적당한 정도에서 멈춘다면 자신을 위태롭게 하지 않고 오랫동안 복을 누리게 될 것이다. 명예를 위해 목숨을 버리는 것과 재물을 좇다 목숨을 버리는 것을 누구는 군자이고 누구는 소인이라고 말하지만 자신을 잃는다는 사실에는 다를 바가 없다. 얻는 것과 잃는 것이 별개의 것이 아님을 깨닫고 만족할 줄 알고 멈출 줄 아는 사람이 도리를 아는 진정한 군자임을 깨우쳐야 할 것이다.

제 45 장

大成若缺, 其用不弊。
大盈若沖, 其用不窮。
大直若屈, 大巧若拙, 大辯若訥。
躁勝寒, 靜勝熱。淸靜為天下正。

[해석]

크게 이룬 것은 무언가 결함이 있는 것 같지만 사용해도 잘못되는 일이 없다. 크게 채운 것은 비어 있는 듯 보이지만 사용해도 모두 없어지지 않는다. 크게 곧은 것은 굽은 것처럼 보이고 큰 기교는 서투른 것처럼 보이고 진정 잘하는 말은 말을 더듬는 것처럼 보인다. 빨리 움직이면 추위를 이기지만 조용히 움직이지 않으면 더위를 이긴다. 한쪽으로 치우치지 않는 깨끗하고 담담한 마음을 천하를 살아가는 정도로 삼을 것이다.

[주석]

결(缺): 부족하여 결핍되다. 모자라다의 뜻임.
불폐(不弊): 해를 끼치지 않는다는 뜻임.
졸(拙): 졸렬하고 서툰 것을 뜻함.

눌(訥): 말을 잘 못하여 더듬는 것을 뜻함.
조 (躁): 건조하다의 조(燥)와 조급하다는 조(趮)의 뜻임. 본문에서는 정(静)과 대비하는 조급하다는 의미로 해석함.

[해설]

결함이 없이 완전해야 이룬 것으로 생각하니 이루고도 헐게 되고 비어 있지 않아야 채운 것으로 생각하니 항상 빈 것이 생긴다. 도를 체득한 성인은 크게 이루지만 잘못되는 것을 걱정하지 않고 크게 채우지만 비는 것을 싫어하지 않는다. 그래서 이루고도 헐어버리는 일이 없고 채운 것은 빈 것이 없게 된다. 이러한 성인의 곧은 성품은 굽은 것처럼 보이고 기교를 보여도 서툰 것처럼 보이며 말하는 것도 더듬는 것처럼 들린다.

빨리 움직여야 될 일이 있고 가만히 있어야 될 일이 따로 있다. 빨리 움직이면 추위를 이기지만 더운 것을 이기지 못하고 움직이지 않고 가만히 있는 것은 더위를 이기지만 추위를 이길 수 없다. 모든 일이 한쪽으로만 치우치는 것은 바르다고 말할 수 없다. 오직 욕심이 없는 깨끗한 마음만이 세상의 편견에 오염되지 않을 것이다. 이룬 것도 잘못된 것도 아니고 찬 것도 빈 것도 아니고 곧은 것도 굽은 것도 아니고 기교가 있는 것도 서툰 것도 아니고 말을 잘 하는 것도 못하는 것도 아닌 것으로 세상을 바라 볼 것이다. 한 쪽으로 편중되지 않고 욕심 없이 살아가는 깨끗하고 담담한 마음을 세상을 살아가는 정도로 삼으려 한다.

제 46 장

天下有道, 卻走馬以糞。
天下無道, 戎馬生於郊。
禍莫大於不知足, 咎莫大於欲得。
故知足之足常足矣。

[해석]

천하에 도가 살아 있으면 군대가 버리고 간 말들이 밭에 거름을 나르고 천하에 도가 사라지게 되면 전쟁이 끝나지 않고 군마가 변방에서 새끼를 낳는다. 만족할 줄 모르는 것에서 오는 화가 막대하고 많이 얻으려는 욕심에서 오는 죄과가 막대하다. 그러므로 만족할 줄 아는 것으로 만족하면 항상 만족하게 될 것이다.

[주석]

각주(卻走): 퇴각하다. 또는 버리고 가다의 병거(屏去)의 뜻임.
이분(以糞): 거름을 주는 것에 사용하다는 뜻임.
융마(戎馬): 군마의 뜻임.
생어교(生於郊): 교외 또는 외각 변방에서 태어난다는 뜻임.
지족지족(知足之足): 만족할 줄 아는 것으로 만족한다는 뜻임.

[해설]

도가 살아 있으면 군대가 백성을 위하는 것이 당연하다. 백성이 군대를 위하는 세상이 될 수 없다. 군주가 백성을 위한다면 전쟁을 일으키지 않았어야 하고 부득이한 일이었다면 일찍 전쟁을 끝내야 한다. 전쟁이 오래 지속되니 백성들은 농사를 짓지 못하고 군마는 변경에서 새끼를 낳는다.

군주는 백성의 원천이고 백성은 군주의 뿌리이다. 군주의 욕심이 지나쳐 뿌리를 돌보지 않고 가지만 키운다면 결코 열매를 맺을 수 없다. 군주가 만족을 모르면 백성들이 입는 화가 막대하고 군주가 욕심이 많으면 욕심에서 오는 죄과가 막대하다. 그러므로 군주는 만족할 줄 아는 것으로 만족해야 자신을 보존하고 백성들을 편안하게 할 수 있을 것이다.

제 47 장

不出戶知天下, 不窺牖見天道。
其出彌遠, 其知彌少。
是以聖人不行而知, 不見而名, 不為而成。

[해석]

도를 알면 문 밖을 나가지 않아도 천하를 알고 창밖을 보지 않아도 하늘의 도를 본다. 멀리 나갈수록 아는 것은 점점 더 적어진다. 그리하여 성인은 가지 않아도 알고 보지 않아도 구분할 줄 알고 하지 않아도 모든 것을 이룬다.

[주석]

규유(窺牖): 창문으로 엿보다. 창밖을 보다는 뜻임.
미원(彌遠): 멀어질 수록의 의미임.
미소(彌少): 더욱 더 적어진다는 의미임.
불위(不爲): 하지 않아도의 뜻임. 나가서 보고 해보지 않아도의 뜻임.

[해설]

도를 아는 사람은 자신을 아는 것으로 다른 사람을 알고 자신의 집안을 보는 것으로 다른 집을 보고 천하를 본다. 자신과 자신의 주변을 등한시 하고 모든 것을 밖에서 찾으려 하면 혼돈만 가중될 뿐이다. 밖으로 멀리 나갈수록 보이는 것은 더욱 더 멀어지고 아는 것은 점점 더 적어진다. 그러므로 성인은 자연의 이치를 살펴 사람의 도리를 알고 사람의 도리를 앎으로써 하늘의 도를 안다. 집안에서도 천하를 보고 과거를 통하여 현재를 다스리고 미래를 볼 수 있는 것이다.

그리하여 성인은 가지 않고도 알고 보지 않고도 구분할 줄 안다. 항상 자신을 살핌으로써 작은 것을 통하여 큰 것을 알고 안을 살펴 밖을 보고 쉬운 것을 통하여 어려운 것을 안다. 도를 알면 가지 않고 보지 않고 해보지 않아도 모든 것이 잘 이루어진다.

제 48 장

爲學日益, 爲道日損。

損之又損, 以至於無爲, 無爲而無不爲。

取天下常以無事, 及其有事, 不足以取天下。

[해석]

학문을 하는 일은 날마다 더하는 일이고 도를 닦는 일은 날마다 덜어 내는 일이다. 덜고 또 덜어 내면 무위에 다다르게 된다. 무위에 다다르면 하지 못하는 일이 없다. 항상 천하를 얻고자 하지 않는 사람이 천하를 얻는다. 천하를 얻고자 일을 꾸미는 사람은 결코 천하를 얻을 수 없다.

[주석]

익(益): 증가하다. 늘어나다의 뜻임.
손(損): 덜다. 줄이다. 감소하다의 뜻임.
상이무사(常以無事): 항상 무위로 나라를 다스리며 억지로 일을 꾸며 유위를 행하지 않는다는 뜻임.

[해설]

학문을 하는 일은 날마다 배워서 지식을 늘리는 것이고 도를 수행하는 일은 날마다 세속에서 배웠던 지식을 버림으로써 자신을 비우는 것이다. 유를 버리고 무를 배움으로써 유와 무의 균형을 이루는 것이 도를 수행하는 과정이다. 학문에 힘쓰는 사람은 지식을 쌓으며 입신양명의 의지를 강화시킨다. 이것은 명예와 부귀를 위한 목적을 갖고 유위를 행하는 과정이다. 도를 수행하는 사람은 세속의 욕심을 버려서 자신을 비우고 선과 악, 아름답고 추한 것, 귀하고 천한 것의 양극을 중화시키고 평정심을 기른다. 지혜를 버리고 무위를 배우는 것이다. 덜고 또 덜어 내면 무위에 다다른다. 무위에 이르면 하지 못하는 일이 없다. 유위를 행하면 잃는 것이 있지만 무위를 행하면 이미 모든 것을 비웠으므로 잃을 것이 없기 때문이다. 욕심이 없으니 억지로 하는 일도 없지만 잃는 것이 없으니 못하는 일도 없다.

항상 천하를 얻고자 하지 않는 사람이 천하를 얻는다. 천하를 얻고자 일을 도모하는 사람은 천하를 얻지 못한다. 무위로 천하에 다가가면 천하를 취하지 않아도 스스로 돌아온다. 무위로 다스리면 백성들은 스스로 묻고 스스로 합의를 이루기 때문이다. 그러므로 무위로 민심을 얻는 것이 진정으로 천하를 얻는 것이다.

제 49 장

聖人無常心, 以百姓心為心。
善者吾善之, 不善者吾亦善之, 德善。
信者吾信之, 不信者吾亦信之, 德信。
聖人在天下, 歙歙為天下渾其心, 百姓皆注 其耳目,
聖人皆孩之。

[해석]

성인은 한 곳으로만 마음을 고정하는 일이 없다. 백성의 마음을 자신의 마음으로 생각한다. 백성들이 선으로 생각하면 나는 그것을 선으로 생각하고 백성들이 불선으로 생각하더라도 나는 그것을 선으로 생각한다. 이것이 덕선(德善)이다. 백성들이 신이라고 믿으면 나도 그것을 믿고 백성들이 불신이라고 못 믿더라도 나는 그것을 믿는다. 이것이 덕신(德信)이다. 성인은 천하를 수렴하여 하나로 모으고 천하를 위하여 온 마음을 다한다. 백성들이 모두가 이목을 집중하고 성인을 보고 있지만 성인은 모두를 아기처럼 덕으로 대한다.

[주석]

무상심(無常心): 마음을 주로 두고 있는 곳이 없다는 것을 뜻함. 고정관념.

한곳으로만 고정된 생각으로도 해석함.
흡흡(歙歙): 한 쪽으로 집착하지 않고 모두를 수렴하여 하나로 모으는 모양을 뜻함.
혼기심(渾基心): 혼(渾)은 거의·온·모든의 뜻임. 기심(基心)은 성인의 마음. 혼기심은 온 마음을 다하여 라는 뜻임.

[해설]

성인은 자신만의 마음을 가지려 하지 않는다. 백성들의 마음을 자신의 마음으로 삼는다. 자신을 비웠으므로 굳이 자신의 마음을 고집하지 않는다. 선량한 사람에게는 선으로 대하고 선량하지 않은 사람이라 하더라도 역시 선으로 대한다. 자신의 마음으로 대하지 않고 도를 본받는 덕으로 백성을 대하여 선을 행하는 것이다. 그리하여 이것을 덕선(德善)라고 한다. 믿음이 있는 사람에게는 믿음으로 대하고 믿음이 없는 사람이라 하더라도 역시 믿음으로 대한다. 자신의 마음으로 대하지 않고 도를 본받는 덕으로 백성을 대하여 믿음을 행하는 것이다. 그리하여 이것을 덕신(德信)이라고 한다. 도의 마음에는 선과 불선의 구분이 없고 신과 불신이 따로 없다. 도의 마음에는 모든 것이 선이고 신이기 때문이다.

선과 불선, 신과 불신을 다르게 보지 않는다 하여 천하에 무관심한 것은 아니다. 성인은 천하의 마음을 수렴하여 살피며 천하를 위하여 온 마음을 다한다. 선과 불선. 신과 불신에 대한 만인의 마음이 서로 적대적이어서 걱정하는 마음을 갖고 있지만 선과 신이라 하여 사랑하고 불선, 불신이라 하여 버리지 않는다. 백성들이 모두 이목을 집중하고 성인을 주시하지만 성인은 백성의 마음을 자신의 마음으로 삼는다. 덕선과 덕신으로 만민을 대한다.

그리하여 성인은 자신이 없는 자신을 세우고 무상심의 마음으로 위로는 덕과 조화를 이루고 아래로는 만민의 마음을 안는다. 나쁜 것도 좋은 것도 없고 좋아하는 것도 증오하는 것도 없다. 나쁜 사람을 원수로 삼지 않고 좋은 사람이라 하여 가까이하려 하지 않는다. 성인에게는 모두가 아기일 뿐이다.

제 50 장

出生入死。

生之徒十有三, 死之徒十有三, 人之生動之於死地亦十有三。

夫何故。以其生生之厚。

蓋聞善攝生者, 陸行不遇兕虎, 入軍不被甲兵。

兕無所投其角, 虎無所措其爪, 兵無所容其刃。

夫何故。以其無死地。

[해석]

무에서 유로 나오는 것이 태어나는 것이고 유에서 무로 들어가는 것이 죽는 것이다. 살 사람이 열에 셋이고 죽을 사람이 열에 셋이고 살 사람이 죽을 곳으로 옮겨 가고 있는 경우가 열에 셋이다. 어째서 그러한가? 그것은 삶을 사는 애착이 너무 두텁기 때문이다. 듣기에 섭생을 잘하는 사람은 대륙을 돌아다녀도 외뿔소나 호랑이를 만나지 않고 군에 가서도 병장기로 다치는 일이 없다. 외뿔소를 만나도 그 뿔이 받을 곳이 없고 호랑이를 만나도 호랑이가 발톱을 쓸 곳이 없으며 병기에 찔려도 그 칼날이 들어갈 곳이 없다. 어째서 그러한가? 그것은 죽을 곳이 없기 때문이다.

[주석]

십유삼(十有三): 열 사람 중에 세 사람이라는 뜻. 십 분의 삼이라는 의미임.
생지도(生之徒): 살 사람의 뜻.
선섭생자(善攝生者): 섭생을 잘 하는 사람. 섭(攝)은 대리하다 대신하다의 뜻임. 섭생은 대신 살다의 뜻임. 여기에서는 도의 본성이 몸을 빌려서 살아 간다는 뜻으로 쓰임.
갑병(甲兵): 갑옷과 창칼 등 병장기를 의미함.

[해설]

도의 본성에는 생사가 없다. 나오면 사는 것이고 들어가면 죽는 것이다. 그 중에 제명을 살 사람이 열에 셋이고 단명할 사람이 열에 셋이며 제명을 살 수 있는 사람이 스스로 죽을 곳을 찾아 가는 경우가 열에 셋이다. 왜 그러한가? 그것은 삶에 대한 애착이 너무 두텁기 때문이다. 생과 사가 별개의 것이 아니고 서로 연결된 하나임을 알지 못한다. 그 하나가 도의 본성이고 도의 본성은 생사가 따로 없다는 것을 알지 못한다. 오직 신체의 삶만을 생각하고 유를 향한 삶에만 집착하고 도를 향한 삶에는 관심을 갖지 않는다. 이러한 사람은 스스로 죽을 길을 찾아 가는 것과 같다. 그러므로 주어진 수명도 다 살지 못하는 것이다.

다른 사람이 신체를 빌려서 대신 살아가는 삶을 섭생이라고 한다. 섭생을 잘하는 사람은 자신의 신체를 다른 사람의 신체 보듯이 한다. 자신에 대한 애착에서 멀어진 것을 말한다. 내가 듣기에 섭생을 잘하는 사람은 대륙을 돌아다녀도 외뿔소나 호랑이를 만나지 않고 군에 가서도 병장기로 다치는 일이 없다. 외뿔소를 만나도 그 뿔이 받을 곳이 없고 호랑이를 만나도 그 발톱을 쓸 곳이 없으며 병기에 찔려도 그

칼날이 들어 갈 곳이 없다. 왜 그러한가? 그것은 그 사람에게 죽을 곳이 없기 때문이다. 사는 것을 모르는데 죽을 것을 어찌 알며 자신의 몸을 갖지 않았는데 무슨 수로 그를 죽이겠는가? 도와 일체가 되면 죽을 곳이 없어진다. 나머지 열에 하나가 도를 향한 삶을 사는 사람이라면 열에 한 사람 중에는 생사의 한계를 벗어나 자유로운 삶을 사는 사람이 있게 될 것이다.

제 51 장

道生之, 德畜之, 物形之, 勢成之。
是以萬物莫不尊道而貴德。
道之尊, 德之貴, 夫莫之命而常自然。
故道生之, 德畜之。
長之育之, 亭之毒之, 養之覆之。
生而不有, 為而不恃, 長而不宰。是謂玄德。

[해석]

도가 생성하고 덕이 길러냄으로써 만물이 형상을 이루고 형세가 갖추어지게 되었다. 따라서 만물이 도를 존중하고 덕을 귀중하게 여기지 않을 수 없다. 도와 덕이 존귀한 것은 영을 내려서 그렇게 된 것이 아니다. 변함없이 내려오는 자연스러운 일이다. 그리하여 도가 만물을 생성하고 덕이 기르고 성장시키고 육성하며 안정되고 성실하게 키우고 보양하고 보살핀다. 생성하고도 소유하지 않고 위하지만 의존하지 않고 키우고도 주재하려 하지 않는다. 이것을 현덕(玄德)이라고 한다.

[주석]

물형지(物形之): 만물이 형상을 이룬다는 뜻임.

세성지(勢成之): 만물이 형세를 갖춘다는 뜻임. 움직이게 하고 서로 어울어지게 한다는 의미임.
정지독지(亭之毒之): 정지독지(定之篤之)와 같은 뜻으로 안정적이고 성실하게 한다는 의미임.
부(覆): 위에서 은혜를 내린다는 의미임. 천부지재(天覆地載) 하늘이 은택을 내리고 땅이 받는다는 말에서의 하늘의 은택. 하늘의 보살핌과 같은 의미임.
부재(不宰): 주재하여 감독하며 통제자로 군림하지 않는다는 의미임.

[해설]

도가 만물을 낳은 후에 기르고 기른 후에 형상을 만들어 주고 형상을 만든 후에는 모든 형세를 갖추도록 해준다. 이것이 낳은 도이고 기른 덕이다. 만물이 도로써 생겨났으니 도를 존중하고 덕으로 길러냈으니 덕을 귀하게 여기는 것은 자연스러운 일이다. 도는 만물이 생성되는 순수한 정기의 본체이고 덕은 오묘한 만물의 작용이다. 도의 본체는 덕의 작용까지 겸하지만 덕은 도의 본체를 겸할 수 없다. 그러므로 만물을 낳고 기르는 모든 일의 주체는 도이다. 도가 만물을 낳고, 덕이 기른다. 덕이 키우고 육성하며 자질을 키워주고 형세를 갖추어 주며 부양하고 보호한다. 그러나 사람들은 도와 덕이 하는 일을 알지 못하고 눈에 보이는 만물의 형상과 형세에만 관심을 둔다.

그럼에도 불구하고 도는 만물을 생성하고도 소유하려 하지 않고 만물을 위해 많은 일을 하지만 의존하려 하지 않고 만물을 키워내고도 주재하여 통제하려 하지 않는다. 이것을 만물이 이해하기 어려운 도의 심오한 은덕이라고 하여 현덕(玄德)이라고 한다.

제 52 장

天下有始, 以為天下母。
既得其母, 以知其子。
既知其子, 復守其母, 沒身不殆。
塞其兌, 閉其門, 終身不勤。
開其兌, 濟其事, 終身不救。
見小曰明, 守柔曰強。
用其光, 復歸其明, 無遺身殃, 是謂襲常。

[해석]

도가 있어 천하의 만물이 시작되었으니 도를 천하의 어머니로 삼을 것이다. 어머니를 얻게 되니 그 아들을 알게 되었다. 자식인 천하 만물을 알고 다시 어머니인 도를 지키면 죽을 때까지 위태롭지 않을 것이다. 입을 막고 눈·귀를 닫아야 평생 번잡해지지 않게 된다. 입을 열고 하고 싶은 대로 하게 되면 죽을 때까지 구제 받지 못할 것이다. 작은 것 까지 보고 아는 것을 명이라 하고 유약한 도를 지키는 것을 강하다고 한다. 밖의 화려한 빛으로부터 돌아와 명으로 나 자신을 살피면 자신에게 재앙을 남기지 않게 될 것이다. 이것을 서서히 도를 알아가는 것이라 하여 습상이라고 한다.

[주석]

색기태(塞基兌) 폐기문(閉基門): 태(兌)는 입(口)를 뜻하고 문(門)은 귀와 눈(耳目)을 뜻함. 참동계《參同契》에서 말하기를 귀와 눈이 자기의 보배이지만 견고하게 닫아야 들고 일어나지 않으며 입은 막고 말하지 않아야 원하는 것이 순리적으로 크게 풀리게 된다고 하였음.

제기사(濟基事): 하고 싶은 대로, 마음대로 한다는 뜻임.

견소(見小): 보통 사람들이 보지 못하는 도의 상을 보고 아는 것을 뜻함. 도의 근원에 있는 본성을 보고 알 수 있는 것. 즉 밖의 넓은 것을 보는 것 보다 자신의 내부를 자세히 볼 수 있는 것을 의미함.

용광(用光): 밖으로부터 보고 느끼는 화려하고 즐거운 것을 의미함. 시·청·각·촉을 뜻함.

복귀기명(復歸基明) : 도의 근본으로 되돌아가 상을 깨우치는 것을 의미함.

습상(襲常): 습명(襲明)의 습과 같은 은밀하여 드러나지 않는다는 뜻으로 습상은 알지 못하는 사이에 천천히 도의 상을 깨닫는다는 의미임.

[해설]

천하가 새롭게 시작된 것이라면 누가 천하를 태어나도록 하였는가? 천하의 시작이 있게 한 것을 천하를 낳은 어머니로 여기니 그것이 바로 도이다. 어머니를 얻고 그로써 그 아들인 만물을 알게 되었다. 아들을 알고 나서야 만물을 생성한 어머니의 존귀함을 알게 되어 어머니를 지키게 되었다. 그리하여 자신이 죽어도 어머니가 지켜지니 천하가 단절되는 위태로움이 없게 되었다. 도를 체득하여 도가 만물을 생성하였음을 알게 되었고 만물이 죽는다 해도 도가 있어 다시 태어나니 천하가 위태롭지 않음을 알게 되었다.

근본으로 돌아가는 것을 복명이라 하고 복명으로 되돌아가서 도의 변함없는 순수함을 유지하는 것을 상(常)이라고 한다. 또한 이러한 도의 이치를 깨닫는 것을 명(明)이라고 한다. 도의 무위의 세계는 만물을 보는 세속의 눈과 귀로는 보거나 들을 수 없다. 보이지 않는 눈으로 보아야 볼 수 있고 들리지 않는 소리로 들어야 들을 수 있으며 말없는 가르침으로 알 수 있는 것이다. 근본에서 멀리 떨어져 유의 세계에서 만물을 접하면 정욕에 사로잡혀 본래의 자신의 모습을 찾기 어렵다. 모든 정과 욕심이 인간이 외부로 통하는 구멍인 눈·귀·코·입으로 연결되므로 그 구멍을 막고 그 문을 닫아야 평생 자신에게 닥치게 되는 끊임없는 고난으로부터 시달리지 않게 된다. 눈을 가려 함부로 보지 않고 귀를 막아 함부로 듣지 않으며 입을 막아 함부로 말하지 않도록 해야 한다. 구멍을 열어 놓게 되면 평생 동안 자신을 구원받지 못하게 될 것이다.

작은 것까지 잘 보는 사람을 눈이 밝고 사리에 밝다고 한다. 유약한 것을 지키는 사람을 강하다고 한다. 유의 세상에서 밝은 빛을 사용하여 결실을 맺고 상을 아는 명으로 되돌아오면 자신에게 재앙을 남기는 일이 없을 것이다. 이것이 천천히 도의 행위인 상을 알아가는 일이라고 하여 습상(襲常)이라고 한다.

제 53 장

使我介然有知, 行於大道, 唯施是畏。
大道甚夷, 而民好徑。
朝甚除, 田甚蕪, 倉甚虛。
服文綵, 帶利劍, 厭飲食, 財貨有餘。
是謂盜夸。非道哉。

[해석]

가령 내가 조금이라도 아는 바가 있다면 대로를 걷겠다. 단지 구불구불한 길을 잘 못 들까하여 두려울 뿐이다. 대도는 평이한데 사람들은 샛길로 가기를 좋아한다. 조정이 부패하여 궁궐을 새로이 보수하느라 바쁘고 밭은 황폐하고 창고는 비어 있다. 화려한 문양으로 수놓은 옷을 입고 허리에는 예리한 검을 차고 음식은 물리도록 먹지 마시며 재화는 남아도니 이것이 도적의 위세가 아니겠는가? 도에 어긋나는 일이다.

[주석]

사(使): 만약. 가령의 뜻임.
개연(介然): 미미하게 아는 바가 있음. 약간 알고 있음을 뜻함.

시(施): 위이(逶迤)의 뜻으로 사용되었음. 구불구불하게 멀리 이어진 길이나 하천을 뜻함. 한비자는 과장의 뜻으로 해석하였음. 함부로 한다는 뜻으로도 해석됨.

경(徑): 더 빨리 갈 수 있는 좁은 지름길을 뜻함.

조(朝): 궁실. 궁궐 내부를 의미함.

제(除): 수리. 확장 등 궁궐을 보수하는 수치(修治)의 의미임.

문채(文綵): 비단에 무늬를 수놓는 것을 뜻함.

염음식(厭飮食): 음식을 너무 많이 먹어서 물린다는 뜻임.

도과(盜夸): 과(夸)는 자랑한다는 뜻으로 과시한다 또는 사치하고 호사한다는 뜻으로 쓰임. 따라서 도적질로 위세를 과시한다와 도적질로 호사한다는 의미로 해석할 수 있음. 본문에서는 허리에 예리한 칼을 차고 다닌다는 문구가 있어 도적질로 위세를 과시하는 것으로 해석함.

[해설]

도를 체득한 성인은 무지의 상태에서 아는 것이 없지만 가령 아는 바가 조금이라도 남아 있다면 대도를 걷겠다고 하였다. 대도에 대하여 아는 사람이 없으니 애석해서 하는 말이다. 단지 길을 잘못 들까 걱정될 뿐이다. 대도는 평이하지만 사람들은 대도보다 빠른 지름길이 있을 것으로 생각한다. 그리하여 샛길로 가기를 좋아한다. 조급하고 탐욕스러운 마음으로 샛길에 들어서면 대도가 보이지 않게 된다.

조정이 부패하여 궁궐을 호화롭게 고치느라 바쁘고 농사지을 사람이 노역에 동원되니 밭은 황폐하고 창고는 비어 있다. 그럼에도 불구하고 윗사람들은 화려한 문양으로 수놓은 옷을 입고 허리에는 예리한 검을 차고 위세를 보이고 음식은 물리도록 먹고 마시며 재물은 풍부하게 남아도니 이것을 도둑질로 위세를 과시하는 것이라고 하여 도과(盜夸)라고 한다. 실로 도에 어긋나는 일이다.

윗사람은 자신이 도적임을 알지 못하고 위세를 과시하고 아랫사람은 자신들이 빼앗기는 것을 바르게 인식하지 못하고 윗사람들이 하는 것을 배워 작은 도적이 되려고 한다. 홀로 대도를 걷는 나는 어리석고 세상을 모르는 촌사람처럼 사람들과 어울리지 못하면서 사람들이 대도를 알지 못하는 것을 한탄한다.

제 54 장

善建者不拔, 善抱者不脫, 子孫以祭祀不輟。
修之於身, 其德乃真。
修之於家, 其德乃餘。
修之於鄕, 其德乃長。
修之於國, 其德乃豐。
修之於天下, 其德乃普。
故以身觀身, 以家觀家, 以鄕觀鄕, 以國觀國, 以天下觀天下。
吾何以知天下之然哉。以此。

[해석]

도로써 잘 세운 것은 뽑히지 않고 도로써 잘 안은 것은 이탈되지 않으니 이러한 집안은 자손이 올리는 제사가 끊이지 않는다. 자신을 수도하면 그 덕으로 자신이 진실해지고 집안을 수도하면 그 덕으로 집안이 여유롭게 된다. 고향을 수도하면 그 덕으로 마을이 오래 보존된다. 나라를 수도하면 그 덕으로 나라가 풍성해진다. 천하를 수도하면 그 덕이 더욱 널리 퍼지게 된다. 그러므로 자신을 수도함으로써 자신을 바로 보고 집안을 수도함으로써 내 집을 바로 보며 고향을 수도함으로써 내 고향을 바로 보고 나라를 수도함으로써 내 나라를 바로 보고 천하를 수도함으로써 천하를 바로 본다. 내가 어떻게 천하가 그러한 것을 알겠는가? 도로써 아는 것이다.

[주석]

선건자(善建者): 잘 세운 것. 바로 세운 것이라는 의미임.
발(拔): 뽑히다의 뜻임.
탈(脫): 이탈되다의 뜻임.
철(輟): 멈추다(止)의 뜻임.

[해설]

세상에 어떻게 세웠기에 뽑아도 뽑히지 않고 어떻게 안았기에 당겨도 빠지지 않는 것이 있다는 말인가? 오직 성인만이 본성의 진실을 알고 있다. 도로써 마음에 세운 것은 뽑는다고 해서 뽑히는 것이 아니며 도로써 마음으로 안은 온화함은 당긴다고 해서 빠지는 것이 아니다. 이렇게 도로써 바로 세운 집안은 세월이 가도 조상에게 올리는 제사가 끊어지지 않는다.

도로써 자신을 수양하면 그 덕이 쌓여서 자신이 진실해 진다. 마음이 간결하고 견고해지니 혈기가 평화롭게 된다. 도로써 집안을 수도하면 그 덕이 쌓여서 집안에 여유가 생긴다. 아버지는 자애롭고 자식은 효도하니 집안이 항상 화목하고 가족 모두가 여유로운 마음을 갖게 된다. 도로써 고향을 수도하면 그 덕이 쌓여 마을이 오래 보존된다. 윗사람을 공경하고 윗사람은 아랫사람을 사랑하고 배양하니 상하간의 존경과 사랑이 대대로 이어진다. 도로써 나라를 수도하면 그 덕이 쌓여서 나라가 풍성해진다. 공정무사로 나라가 부강하고 백성들이 잘 살게 된다. 도로써 천하를 수도하면 그 덕이 온 천하에 널리 퍼진다. 위아래가 통합하여 말하지 않아도 교화가 이루어지니 그 덕이 온 천하에 퍼지게 된다.

그러므로 자신을 수도함으로써 자신을 바로 보고 집안을 수도함으로써 내 집을 바로 보며 고향을 수도함으로써 다른 마을의 모범이 되고 나라를 수도함으로써 나라의 이해를 바로 보게 되고 천하를 수도함으로써 백성의 마음으로 천하를 보고 천하를 바로 알게 되는 것이다. 도를 수양하여 나를 바로 보는 것이 곧 나의 집과 고향과 나라와 천하를 바로 보는 것임을 알아야 한다. 내가 어떻게 천하가 그렇다는 것을 알겠는가? 그것은 바로 도이다. 도를 통해서 아는 것이다.

제 55 장

含德之厚, 比於赤子。
毒蟲不螫, 猛獸不據, 攫鳥不搏。
骨弱筋柔而握固, 未知牝牡之合而朘作, 精之至也。
終日號而不嗄, 和之至也。
知和曰常, 知常曰明。
益生曰祥, 心使氣曰強。
物壯則老, 謂之不道。不道早已。

[해석]

도의 덕을 가장 두텁게 머금고 있는 상태를 갓난아기에 비유한다. 독충이 쏘지 않고 맹수가 할퀴지 않으며 수리 매도 발톱으로 채지 않는다. 뼈가 약하고 근육이 부드럽지만 네 손가락으로 쥐는 힘은 아주 견고하다. 남녀의 교합을 모르지만 성기가 발기하니 정기의 극치라 할 수 있다. 하루 종일 소리 내어 울어도 목이 쉬지 않으니 온화함의 극치이다. 도의 온화함을 아는 것이 상이고 도의 상을 아는 것이 명이다. 삶에 대한 애착이 심하면 화를 부른다고 하고 마음이 기를 쓰면 강건해진다고 한다. 만물은 강성하고 나면 노쇠해진다. 도에 부합하지 않는다는 말이다. 도에 부합하지 않으면 일찍 죽는다.

[주석]

석(螫): 독충이 독을 쏜다는 의미임.
거(據): 맹수가 다른 동물을 발톱으로 눌러 잡는다는 의미임.
박(博): 맹금류가 발톱으로 채가는 것을 의미함.
빈무지합(牝牡之合): 남녀의 정사. 교합을 의미함.
악고(握固): 네 손가락으로 엄지손가락을 쥐는 것을 의미함.
최작(朘作): 어린애 자지가 발기하는 것을 의미함. 최(朘)는 어린아이의 자지이고 작(作)은 기(起)의 뜻임.
지(至): 극치의 뜻임.
애(嗄): 목이 쉬는 것. 울어도 목이 막혀 소리가 나오지 않는 것을 애(嗄)와 익(嗌)자를 같이 사용함. 황무재(黃茂材)의 노자고본에는 목이 막힌다는 익자로 되어 있으나 후에 애자로 바꾸어 삽인한 것이라고 말하였음.
익생(益生): 삶에 대한 애착과 탐욕을 뜻함.
상(祥): 요상(妖祥)한 일. 괴이한 일이라는 뜻임.

[해설]

마음 속 깊이 두터운 덕을 품은 사람을 아기에 비유할 수 있다. 아기는 도로부터 부여 받은 품성이 오염 되지 않은 가장 순수한 상태를 간직하고 있다. 그러므로 가장 후덕한 상태를 갓난아기에 비유한다. 독충이 쏘지 않고 맹수가 할퀴지 않으며 수리매도 발톱으로 채지 않는다. 뼈가 약하고 근육이 부드럽지만 네 손가락으로 쥐는 힘이 견고하다. 남녀의 교합을 알지 못하지만 성기가 발기하는 것이 힘차다. 정기의 극치라 할 수 있다. 하루 종일 소리 내어 울어도 목이 쉬지 않는다. 온화함의 극치이다. 후덕한 사람은 만물에 해를 끼치지 않으니 만물도 해를 주려 하지 않는다. 갓 태어났을 때가 덕이 가장 후하다. 자라면서 유의 세상에서 만물로부터 오염되고 다시 처음으로 되돌아간다. 즉 복명으로 되돌아가는 것을 뜻한다. 도로부터 부여 받은 품성이

박해져서 다하게 되면 본성으로 되돌아가는 것이다.

만물은 변하지 않는 것이 없고 죽지 않는 것이 없다. 오직 도만이 변하지 않고 영원히 존재한다. 만물이 도의 기율에 따라 생성되고 존재를 계속하는 것은 생성과 소멸을 반복하며 현상을 유지하기 때문이다. 그리하여 처음 부여받은 품성은 변함없는 도의 본성 그대로이며 부드럽고 온화함으로 충만하다. 이러한 도의 온화함을 아는 것을 상이라 하고 상을 아는 것을 명이라 한다. 사람들은 태어난 후 유의 세계를 경험하면서 욕심이 생기고 마음으로 갖고 있는 기를 사용하기 시작한다. 품성의 온화함은 점점 강한 것으로 바뀌고 도의 본성은 점점 약해진다. 삶에 대한 애착이 강하여 생명을 늘리려 하는 것을 화를 부른다 하고 마음의 기를 쓰는 것을 강해진다고 한다. 생명을 늘리려는 것은 자연에 반하는 일이다. 주어진 기를 아껴 천수를 다하면 그것이 최대한이다. 생명을 늘리려고 마음의 기를 쓰면 기를 허비할 뿐이다. 마음의 기를 쓰면 강해지고 만물이 왕성해지면 곧 노쇠하게 된다. 기를 써서 강해지는 것은 도에 어긋나는 일이다. 도가 아닌 것을 행하면 일찍 죽는다. 욕심을 늘리고 오래 살기 위해 기를 쓰면 일찍 죽게 된다. 최대한 비우고 유약함을 지키는 것이 도이다.

제 56 장

知者不言, 言者不知。

塞其兌, 閉其門, 挫其銳, 解其紛, 和其光, 同其塵,

是謂玄同。

故不可得而親, 不可得而疏。

不可得而利, 不可得而害。

不可得而貴, 不可得而賤。故為天下貴。

[해석]

아는 사람은 말하지 않고 말하는 사람은 알지 못한다. 입을 막고 눈, 귀를 닫아서 정과 욕망을 절제한다. 예리한 날은 꺾어 의지를 평이하게 하고 얽힌 매듭을 풀어 담백한 마음을 갖는다. 세속의 밝은 빛과 화합하고 세속의 먼지와 섞여 누구와도 같이 어울린다. 이것을 현동(玄同)이라고 한다. 그러므로 이런 사람은 친할 수도 소원할 수도 없고 이익을 얻을 수도 손해를 당할 수도 없고 귀해질 수도 천해질 수도 없다. 그러므로 천하의 귀한 존재인 것이다.

[주석]

지자(知者): 도를 아는 사람을 뜻함.

좌기예(挫基銳): 날카로운 의지를 꺾어 무디게 하고 의지를 차분하게 가라

앉힌다는 의미임.

해기분(解基紛): 여러 가지 갈등과 원한을 푸는 것을 뜻함.

화기광(和基光): 외부의 밝은 빛. 즉 세속의 유의 세상에서 오는 화려하고 밝은 빛과 화합하여 빛을 어둡게 하여 조화를 이룬다는 의미임.

동기진(同基塵): 속세의 먼지와 섞여 자신을 먼지와 같게 한다는 뜻임. 즉 속세의 일반 사람들과 같이 어울린다는 의미임.

현동(玄同): 현(玄)은 하늘이라는 뜻으로 현동은 하늘의 도와 일체가 되었다는 의미임.

[해설]

도를 아는 사람은 알아도 말하지 않는다. 모든 것을 내려놓고 자신을 비웠으니 다른 사람에게 자신을 나타내려 하지 않는다. 말하는 사람은 다른 사람에게 지식을 보여주고자 하는 것이니 아직 도를 모르는 사람이다.

입을 막고 눈과 귀를 닫아서 정과 욕망을 절제한다. 예리한 날을 꺾어 의지를 평이하게 하고 얽힌 매듭을 풀어 담백한 마음을 갖는다. 세속의 밝은 빛과 화합하고 세속의 먼지와 섞여 누구와도 같이 어울린다. 이것을 하늘의 도와 일체가 되었다고 하여 현동(玄同)이라고 한다. 아는 것을 말하지 않아도 마음이 동요되지 않고 도를 모르는 사람과도 잘 어울리니 도의 경지에 오른 사람이다.

그러므로 이런 사람은 친할 수도 소원할 수도 없고 이익을 얻을 수도 해를 당할 수도 없고 귀해질 수도 천해질 수도 없다. 영예로워진다 하여 즐거워하지 않고 홀로 남는다 하여 애통해 하지 않는다. 의지를 고요히 가라앉혀 다른 사람과 원한을 만들지 않는다. 덕이 이와 같으니 세태를 따라 같이 부침하고 몸을 도에 의탁하여 재난을 피한다. 고로 천하의 귀한 존재인 것이다.

제 57 장

以正治國, 以奇用兵, 以無事取天下。
吾何以知其然哉。以此。
天下多忌諱, 而民彌貧。
民多利器, 國家滋昏。
人多伎巧, 奇物滋起。
法令滋彰, 盜賊多有。
故聖人云, 我無為而民自化, 我好靜而民自正,
我無事而民自富, 我無欲而民自樸。

[해석]

바른 정책으로 나라를 다스리고 기묘한 전략으로 병력을 사용하지만 아무 일도 하지 않음으로써 천하를 얻는다. 내가 어찌 그러한 사실을 알겠는가? 바로 이것이다. 천하를 금령으로 다스리면 금령이 많을수록 백성들은 더욱 빈곤해진다. 금령에 대응하는 백성들의 수단과 방법이 많아질수록 나라는 혼란이 더욱 커지게 된다. 사람들의 기교가 많아질수록 기괴한 일들이 더욱 더 늘어나게 된다. 법령이 명백해질수록 도적은 더욱 더 많아진다. 그러므로 성인이 말하기를 내가 무위로 백성을 다스리면 백성들은 스스로 교화되고 내가 평정심을 가지면 백성들은 저절로 바르게 되고 내가 일을 번잡하게 꾸미지 않으면 백성은 스스로 부자가 되고 내가 욕심을 버리면 백성은 저절로 순박해진다고 하였다.

[주석]

정(正): 바른 정책 또는 정치를 의미함.
기(奇): 용병의 계략을 의미함.
무사(無事): 불필요한 일을 벌여 백성들을 번잡하게 하지 않는 것을 의미함.
기휘(忌諱): 백성들이 해서는 안 될 일을 공표하는 금령을 의미함.
이기(利器): 국가의 금령에 대응할 수 있는 백성들의 수단과 방법을 의미함.
기물(奇物): 기묘한 물건. 귀한 물건으로 해석함.
자창(滋彰): 금하는 법령의 내용이 더욱 명백하게 정비된다는 의미임.

[해설]

바른 정책으로 나라를 다스리고 기묘한 전략으로 병력을 사용하는 군주를 훌륭한 군주로 생각하지만 실제로는 아무 일도 하지 않음으로써 무위를 행하는 군주가 천하를 얻는다. 내가 어찌 그러한 것을 알겠는가. 바로 이것이다. 도를 통해 아는 것이다.

천하를 금령으로 다스리면 금령이 많아질수록 백성들은 점점 더 가난해진다. 금령에 대응하여 백성들이 자신들에게 유리한 지혜를 강구하니 나라는 더욱 더 혼미해진다. 사람들의 기교가 늘어날수록 기묘한 물건은 늘어나고 법령이 명백해질수록 도적은 더 많아진다. 법을 세워 바른 정치를 하고 형벌로 엄히 다스리며 병력을 동원하여 도적을 소탕하여도 나라는 더욱 더 혼란해진다.

그리하여 성인이 말하기를 "내가 무위로 백성을 다스리면 백성은 스스로 교화되고 내가 평정심을 갖고 공정무사를 이루면 백성은 저절로 바르게 된다. 내가 일을 꾸며 법을 자주 바꾸지 않으면 백성은 스스로 부자가 되고 내가 욕심을 버리고 자신을 비운다면 백성은 저절로 순박하게 될 것이다."라고 하였다. 이것이 무위로 백성을 다스려 천하를 얻는 방법이다.

제 58 장

其政悶悶, 其民淳淳。
其政察察, 其民缺缺。
禍兮福之所倚, 福兮禍之所伏。
孰知其極。其無正。
正復為奇, 善復為妖。人之迷, 其日固久。
是以聖人方而不割, 廉而不劌, 直而不肆, 光而不耀。

[해석]

정치가 관대하면 엉성해 보이지만 그러한 나라의 백성은 순박하고 인정이 있다. 정치가 지나치게 세밀히 살피면 그 나라의 백성은 순수해 보이지 않는다. 화가 닥칠 때는 복이 기대서 오고 복이 올 때는 화가 숨어서 온다. 누가 그 기묘함의 끝을 알겠는가? 거기에는 바른 것이 없다. 바른 것이 다시 변하여 기묘한 것이 되고 선한 것이 변하여 요사한 것이 된다. 사람들이 혼미해진 것이 이미 오래 되었다. 그리하여 성인은 자신이 바르다고 하여 다른 사람을 바르고 바르지 못한 사람으로 나누지 않고 청렴하다고 하여 그 기준으로 다른 사람을 재단하지 않으며 곧다고 하여 자기 생각대로만 움직이지 않고 재능이 높다하여 나타내려고 뽐내지 않는다.

[주석]

민민(悶悶): 엉성하고 답답한 모양을 뜻함.

찰찰(察察): 세심하고 철저한 모양을 뜻함.

결결(缺缺): 결점이나 허물이 많아 보이는 모양을 뜻함,

의(倚): 의지하다. 기대다의 뜻임.

방(方): 바르다(正方)의 뜻임.

렴(廉): 청렴의 뜻임.

사(肆): 방종하여 제 멋대로 한다는 뜻임. 몸을 편다는 신(申)의 뜻으로도 해석함.

요(耀): 빛을 발하여 주위에 나타내려 하거나 자랑하는 것을 뜻함.

[해설]

무위로 나라를 다스리면 그 나라의 정치는 느리고 답답하지만 백성들이 순박하고 유위로 나라를 다스리면 그 나라의 정치는 엄하고 민첩하지만 백성들이 순수해 보이지 않는다. 바른 정치를 하겠다는 의지가 강해서 의지대로 엄한 정치로 살핀다 해도 정치가 꼭 잘되는 것은 아니다. 백성을 지나치게 살피면 백성들의 세속적인 지혜가 높아지고 다스리기가 더욱 어려워진다. 화를 피하려고 해서 면해지는 것이 아니고 복이 구한다고 해서 얻어지는 것도 아니다. 그리하여 말하기를 "복은 화의 옆에서 기대서 오고 화는 복의 밑에서 숨어서 온다."라고 하였다. 세상의 일들은 내가 생각하는 것 이외의 것들도 상존한다는 의미로 하는 말이다. 누가 그 심오함의 끝을 알 수 있겠는가? 그러한 것에는 바른 것이 없다. 바른 것으로 생각했던 것이 때로는 기묘한 것이 되고 선량한 것으로 생각했던 것이 때로는 요사한 것이 된다. 세상의 일들을 화와 복, 바른 것과 기묘한 것, 그리고 선량한 것과 요사한 것을 정하지 못한다. 사람들이 혼미해져서 판단하지 못

하는 것이 이미 오래 되었다. 변하지 않는 도의 눈으로 진실을 볼 수 있어야 한다. 자신의 눈과 귀에 대한 의지가 지나치면 숨어 있는 진실을 보기 어렵다.

그리하여 성인은 자신이 바르다 하여 다른 사람을 구분하여 나누지 않고 자신이 청렴하다 하여 다른 사람을 자신에 맞추어 재단함으로써 상처를 주지 않으며 자신이 곧다고 하여 자신의 생각만 내세우거나 자신이 재능이 있다고 하여 나타내려고 나서지 않는다. 법령을 엄하게 하여 상벌로 백성을 다스리지만 기묘한 것이 바른 것이 되고 요사한 것이 선량한 것이 된다. 답답하고 느린 것으로 보이지만 무위자연의 도의 정치로 순수한 본성을 지키는 것만이 바른 길이다. 말(末)이 변하는 것이지 근본(本)은 변하지 않는다.

제 59 장

治人事天莫若嗇。夫唯嗇, 是謂早服。
早服謂之重積德, 重積德則無不克。
無不克則莫知其極, 莫知其極可以有國。
有國之母, 可以長久。
是謂深根固柢, 長生久視之道。

[해석]

사람을 다스리고 하늘을 섬기는 것에는 색(嗇)만큼 좋은 것이 없다. 무릇 오직 이 색을 지키는 것을 조복(早服)이라고 한다. 조복은 계속 덕을 쌓는 것을 말한다. 덕을 계속 쌓게 되면 극복하지 못하는 것이 없다. 극복하지 못하는 것이 없게 되면 그 한계를 알 수 없다. 그 한계를 알 수 없다면 나라를 가질 수 있다. 나라를 가진 어머니라면 장구할 수 있다. 이것을 뿌리가 깊게 뻗어 근본이 견고한 장생불사의 도라고 한다.

[주석]

사천(事天): 하늘을 섬겨 도를 지킨다는 뜻임.
색(嗇): 자신의 능력을 남에게 보이는 것을 절제한다. 자신에게 인색하다는 뜻임.

조복(早服): 조는 먼저 선(先)의 뜻이고 복은 얻는다의 득(得)으 로 해석하여 도를 일찍 깨닫는 것을 의미함.
중적덕(重積德): 계속 거듭하여 덕을 쌓는 것을 의미함.
유국(有國): 나라를 갖는다는 뜻임.
심근고저(深根固柢): 나무의 뿌리가 깊고 단단하게 뻗어 있어 근본이 단단하다는 의미임. 뿌리가 깊으면 열매 맺는 것이 견고하다고도 해석함.
장생구시(長生久視): 시는 살아있다는 활(活)의 의미이며 생존으로 해석할 수 있음. 구시는 불로, 불사의 의미임. 장생이 장수의 의미를 갖는 것이니 장생구시는 장수하여 불로불사한다는 의미임.

[해설]

색이라는 것은 있지만 쓰지 않는 것이다. 외부에서 들이는 것을 줄이는 것이 아니라 내부에 갖고 있는 것을 쓰지 않고 아끼는 것을 말한다. 보통 사람들은 마음을 쓰는 것이 조급하다. 마음이 조급하면 그만큼 기를 쓰고 본성이 소모되는 비용을 쓰게 된다. 성인은 마음을 쓰면서 고요함을 잃지 않는다. 유약한 본성의 순수함을 유지하고 기를 충만하게 한다. 색은 행동하는 기술이고 삶을 사는 도리이다. 비용을 들이지 않는 성인의 행동과 삶의 행태를 색이라고 한다.

색을 따를 수 있다는 것은 도를 따르고 이치에 복종한다는 것이다. 세상 사람들은 우환이 있거나 화가 닥치더라도 물러날 줄 모르고 도리에 복종하지 않는 일이 많다. 성인은 비록 우환과 화의 형태를 보지 못하였다 하더라도 이를 받아들인다. 실제로 일이 일어나기 전부터 자신을 비운 허의 상태에서 모든 것을 받아들이며 덕을 쌓는 것이다. 색을 지켜 하늘의 도리를 일찍 얻는다고 하여 이것을 조복이라고 한다. 그러므로 사람을 다스리고 하늘의 도를 섬기는 데에는 색만한 것이 없다고 하였다.

조복으로 일찍부터 계속 덕을 쌓으면 극복하진 못하는 일이 없다. 극복하지 못하는 일이 없다는 것은 그 능력의 한계를 알 수 없다는 말이다. 능력의 한계를 알 수 없는 사람이라면 나라를 가질 수 있다. 나라를 갖는다는 것은 그 나라의 어머니가 되는 것이다. 어머니가 아기를 낳고 기르듯이 자애로운 덕으로 만물을 다스리면 만물의 흥망성쇠가 도와 같이 영원할 것이다. 뿌리가 깊으면 근본이 견고하고 근본이 견고하면 늙지 않고 오래 살게 된다. 이것을 뿌리 깊고 근본이 튼튼한 장생불사의 도라고 한다. 따라서 색으로 일찍부터 도를 닦아 덕을 쌓는다면 장수하며 오랫동안 도와 같이 할 수 있을 것이다.

제 60 장

治大國若烹小鮮。
以道莅天下, 其鬼不神。
非其鬼不神, 其神不傷人。
非其神不傷人, 聖人亦不傷人。
夫兩不相傷, 故德交歸焉。

[해석]

대국을 다스리는 것은 작은 생선을 요리하는 것과 같다. 도로써 천하에 임하면 귀가 신력을 발휘하지 못한다. 귀가 귀신이 되지 못할 뿐만 아니라 귀신도 사람을 해치지 않는다. 귀신이 사람을 해치지 않을 뿐만 아니라 성인 또한 사람을 해치지 않는다. 무릇 둘이 서로 해치지 않으니 덕이 번갈아 가며 백성에게 돌아온다.

[주석]

팽(烹): 삶거나 볶은 요리 방법을 말함.
소선(小鮮): 작은 물고기임.
귀(鬼): 만물의 정령을 뜻함. 또한 귀(歸)와 발음이 같아서 사람이 죽고 나서 본래의 모습으로 되돌아가는 것이라는 뜻도 있음.
신(神): 자연에서의 큰 물체에서 깃든 정령과 죽은 사람의 신령을 뜻함.

교귀(交歸): 번갈아 가며 백성들에게 돌아간다는 뜻임. 신은 만물을 음으로 배양하고 성인은 만물을 양으로 배양한다는 것을 나타내는 것을 의미함.

[해설]

설계하는 사람이 작업을 자주 바꾸면 일이 이루어지지 않고 작업하는 사람이 함부로 하게 되면 이룬 공도 망치게 된다. 나라도 법령을 바꾸게 되면 관련되는 사람들의 이해가 바뀌고 이해가 바뀌게 되면 일하는 것에 변화가 있게 되어 결국 사업이 바뀌게 된다. 따라서 법령을 자주 바꾸게 되면 백성들의 삶이 번거롭게 되고 노력하여 극복한다 하여도 큰 성공을 기대하기 어렵다. 큰 상자에 담은 물건을 자주 옮기면 그 안에 있는 물건들이 상하는 것은 당연한 이치이다. 작은 물고기를 요리할 때 자꾸 휘저으면 물고기가 제 모양을 갖기 어렵다. 나라를 다스리는 것도 법을 자주 바꾸면 백성에게 고통을 줄 뿐이다. 그리하여 도를 갖는 군주는 고요하게 움직이지 않는 정(静)을 귀하게 생각한다. 법을 바꾸고 백성을 간섭하는 것을 좋아하지 않는다. 그러므로 말하기를 “큰 나라를 다스리는 것은 작은 물고기를 요리하는 것과 같다.”라고 하였다.

사람들은 병에 걸리면 의사를 귀하게 여기고 화가 닥치면 귀신을 무서워한다. 도를 체득한 성인이 높은 자리에 있으면 백성도 욕심이 적어지고 혈기를 다스리는 것을 도리에 따르게 된다. 도리를 따르면 화도 적어진다. 안으로 욕창으로 고생하는 일이 없고 밖으로 형벌로 죽는 사람이 없다면 백성도 혼귀도 편안할 것이다. 그러므로 말하기를 “도로써 세상에 임하면 귀도 신이 되지 못한다.”라고 하였다. 귀가 귀신이 되지 못하고 귀신도 사람을 해치지 않는다. 성인 또한 사람을 해치지 않고 덕을 행하니 죽은 자와 산자가 모두 덕을 베푸는 것이다. 도로써 천하에 임하니 귀신이 음으로 은택을 내리고 성인이 양으로 만물을 보살핀다. 음과 양이 서로 조화를 이루고 번갈아 가며 백성에게 덕을 베푸는 것이다. 이렇듯 나라가 클수록 윗사람이 도를 떠나 함부로 하게 되면 작은 물고기 요리처럼 되살리기도 어렵고 귀신도 도와주지 않는다. 고요함을 잃지 않고 도의 근본을 따르면 백성들은 보이는 일과 보이지 않는 일 모두로부터 자유로워지고 걱정하는 일이 없게 된다.

제 61 장

大國者下流, 天下之交, 天下之牝。
牝常以靜勝牡, 以靜為下。
故大國以下小國則取小國, 小國以下大國則取大國。
故或下以取, 或下而取。
大國不過欲兼畜人, 小國不過欲入事人。
夫兩者各得所欲, 大者宜為下。

[해석]

대국이라는 것은 강의 하류와 같다. 천하의 모든 나라들이 교류하는 곳이며 천하를 품는 모체이다. 여성인 빈은 항상 움직이지 않음으로써 남성인 모를 이기고 조용히 처신함으로써 자신을 낮춘다. 고로 대국은 소국에 몸을 낮춤으로써 소국을 취하고 소국은 대국에 몸을 낮춤으로써 대국을 취한다. 고로 어떤 나라는 몸을 낮춤으로써 취하고 어떤 나라는 몸을 낮추었으므로 취하는 것이다. 대국은 과욕을 버리고 소국국민을 대국국민과 겸하여 보호하고 소국은 과욕을 버리고 입조하여 천자를 섬긴다. 무릇 둘 다 각자의 원하는 바를 얻었으니 대국이 몸을 낮추는 것은 도리에 합당한 일이다.

[주석]

천하지빈(天下之牝): 대국을 천하에서 가장 안전하고 온화한 어머니의 품과 같은 것으로 표현한 말. 온유한 여성인 빈이 강인한 남성인 모(牡)를 이긴다는 상징적인 의미를 갖는 말임.

이취(以取): 겸허하게 몸을 낮추는 방법으로 얻는다는 뜻임.

이취(而取): 몸을 낮추었으므로, 몸을 낮추었기 때문에 얻는다는 뜻임.

각득기소욕(各得基所慾): 각자가 원하는 바를 얻었다는 뜻임. 맹자가 말하기를 "작은 것을 크게 받아들이는 것은 하늘을 무서워하는 것이다. 큰 것을 작게 받아들이는 것은 하늘을 즐기는 것이다. 하늘을 즐기는 자가 천하를 지키고 하늘을 무서워하는 자가 나라를 지킨다."라고 하였다. 대국이 기꺼이 몸을 낮추면 천하를 지키고 소국이 무서워서 몸을 낮추면 나라를 지킨다는 해석 참조.

[해설]

세상의 움직이는 모든 것들은 움직임이 다하면 움직이지 않는 고요함으로 멈추게 되고 높은 곳에 있는 것은 모두가 낮은 곳으로 가게 된다. 따라서 대국은 모든 크고 작은 강이 흘러서 모이는 하류와 같은 곳이다. 가장 낮은 곳에서 모두를 받아들이는 가장 높은 존재이다. 대국은 천하의 모든 사람들이 만나서 교류하는 곳이며 천하를 품는 모체이다. 천하의 빈이라고 할 수 있다. 여성인 빈이 정(靜)의 고요함으로 남성인 모가 갖고 있는 동(動)의 강건함을 이긴다. 빈은 먼저 나서지 않는 고요함으로 몸을 낮추는 겸허함을 보이고 모는 탐욕스러움으로 조급하고 먼저 움직이지만 고요함을 지키는 빈을 이기지 못한다. 그러므로 대국은 소국에 몸을 낮춤으로써 소국을 취하고 소국은 대국에 몸을 낮춤으로써 대국을 취한다. 어떤 나라는 몸을 낮춤으로써 원하는 것을 취하고 어떤 나라는 몸을 낮추었으므로 원하는 것을 취하는 것이다. 대국은 소국에 몸을 낮춤으로써 소국들의 연합을 막고 소국은 몸을 낮추었으므로 대국의 보호를 받으며 이웃 나라들과 친목을 도모한다.

이렇듯 대국은 과욕을 버리고 천하의 빈으로써 어머니가 되어 소국의 백성을 겸하여 보호하고 소국은 과욕을 버리고 입조하여 천자를 섬긴다. 무릇 대국과 소국 양자가 각각 원하는 바를 얻어 소국은 사직을 보전하고 대국은 천하가 돌아오게 하였으니 대국이 겸허하게 몸을 낮추는 것은 도리에 합당한 일이다.

제 62 장

道者, 萬物之奧。善人之寶, 不善人之所保。

美言可以市, 尊行可以加人。

人之不善, 何棄之有。

故立天子, 置三公, 雖有拱璧以先駟馬, 不如坐進此道。

古之所以貴此道者何。

不曰求以得, 有罪以免耶。故為天下貴。

[해석]

도는 만물을 숨겨줄 수 있는 가장 깊은 곳이다. 선인에게는 보배가 되고 불선인에게는 마지막까지 의지할 수 있는 은신처와 같다. 좋은 말은 좋은 상품 팔려 나가듯 퍼져나가고 존귀한 행위는 사람들을 모이게 한다. 사람들이 불선이라 하더라도 어찌 버리겠는가? 그러므로 천자가 즉위하고 삼공의 대신이 취임할 때 한 아름의 보석을 사마수레로 앞세우지만 무릎 꿇고 도를 진상하느니만 못할 것이다. 고대 사람들이 도를 존귀하게 여긴 까닭이 무엇인가? 구하면 얻어지고 있는 죄는 면해진다고 말하지 않았는가? 그러므로 도를 천하의 귀한 것으로 생각한다.

[주석]

오(奧): 집의 서남쪽 구석. 가장 싶은 곳, 보우하는 은신처를 의미함.

보(保): 보호해 주는 곳. 아기의 옷이라는 뜻의 보(緥)자와 같은 것으로 아기를 덮는 포대기라는 뜻의 강보(襁褓)로도 해석함.
시(市): 상품이 팔려 퍼져나가는 것을 의미함.
입(立): 천자의 즉위를 의미함.
치(置): 취임을 뜻함.
삼공(三公): 태사(太師), 태부(太傅), 태보(太保)의 삼공으로 재상의 직위에 해당하는 최고의 보정대신(輔政大臣)임. 주나라의 관제에서 나온 말임.
진(進): 바치다. 헌상하다. 진상하다의 뜻임.
좌(坐): 무릎을 꿇는다는 궤(跪)의 뜻임.

[해설]

도는 만물을 비호해 줄 수 있는 마지막 은신처이다. 선인에게는 보배가 되고 불선인에게는 아기를 감싸는 강보와도 같은 것이다. 훌륭한 말은 마치 시장에서 좋은 상품이 팔려 나가듯 빠르게 퍼져 나가고 존귀한 행위는 존경심을 불러일으켜 많은 사람을 모여들게 한다. 비록 불선한 사람이라도 어찌 그를 버리겠는가? 도는 누구든 버리지 않고 도로써 교화한다.

그러므로 천자가 즉위하고 삼공의 대신이 취임할 때 한 아름의 보석을 네 마리의 말이 끄는 사마수레를 앞세워 진상하고 예를 갖추지만 차라리 무릎 꿇고 도를 진상하여 나라를 다스리는데 활용하게 하느니만 못하다. 고대 사람들이 도를 존귀하게 여긴 까닭이 무엇인가? 구하면 얻어지고 있는 죄는 면해진다고 말하지 않았는가? 구하면 얻어지는 것은 선인의 보배이고 죄가 있어도 면해지는 것은 불선인을 지켜줄 강보와 같은 것이다. 선인과 불선인이 모두가 도에게 소중한 것처럼 사람들은 도를 천하에서 가장 존귀한 것으로 생각한다.

제 63 장

為無為, 事無事, 味無味, 大小多少, 報怨以德。
圖難於其易, 為大於其細。
天下難事必作于易, 天下大事必作於細。
是以聖人終不為大, 故能成其大。
夫輕諾必寡信, 多易必多難。
是以聖人猶難之 故終無難。

[해석]

무위를 행하는 도는 일 없이 일을 하고 맛이 없는 맛을 보고 크고 작은 것과 많고 적은 것을 구분하지 않고 원한을 덕으로 갚는다. 어려운 것은 쉬운 것에서 생겨나고 큰 것도 작은 것에서부터 커진 것이다. 천하의 어려운 일도 필히 쉬운 것으로부터 일어나고 천하의 큰일도 필히 작은 것으로부터 시작된다. 그리하여 성인은 죽을 때까지 큰 일을 하지 않는다. 그러므로 크게 이루게 된다. 무릇 가볍게 승낙한 것은 필히 믿음이 부족하고 너무 쉽게 이루어진 것은 필히 많은 어려움이 닥친다. 그리하여 성인은 모든 일을 어려운 일로 대한다. 그러므로 죽을 때까지 어려운 일이 없다.

[주석]

사무사(事無事): 무위로 일을 하기 때문에 억지로 일을 만들어서 일하지 않는 다는 의미임. 불필요한 일을 하지 않고 자연의 순리에 따르며 무위로 일한다는 의미임.
대소다소(大小多少): 대소무대소 다소무다소(大小無大小, 多少無多少)의 의미임. 크고 작고 많고 적음을 구분하지 않는다는 의미임.
경낙(輕諾): 쉽게 승낙하는 것을 의미함.
유(猶): 쉬운 것을 오히려 어려운 것으로 대하여 주저하고 조심한다는 의미임.

[해설]

무위를 행하는 도는 일 없이 일을 하고 맛이 없는 맛을 보고 크고 작은 것과 많고 적은 것을 구분하지 않고 원한을 덕으로 갚는다. 조건 없이 일하고 자신의 취향을 고집하지 않으며 무위자연을 행하여 선악과 귀천을 구분하지 않는다. 도 하나로 대하면 크고 작은 원한이 서로 다르지 않으므로 큰 원한은 작은 원한이 되고 작은 원한은 갚을 만한 가치가 없게 된다. 그리하여 원한을 도의 넓은 덕으로 갚는다고 말한다.

어려운 것은 쉬운 것으로부터 생긴 것이고 큰 것은 작은 것에서 커진 것이다. 그러므로 천하의 어려운 것도 필히 쉬운 것으로부터 일어나고 천하의 큰일도 필히 작은 것으로부터 시작된다. 그리하여 성인은 죽을 때까지 평생 큰일을 하지 않는다. 그러므로 큰일을 이루게 되는 것이다. 가볍게 얻은 승낙은 필히 믿음이 부족하고 너무 쉽게 이루어진 것은 필히 큰 어려움을 만나게 된다. 그래서 성인은 모든 것을 어려운 것으로 대한다. 그러므로 죽을 때까지 평생 동안 어려운 일을 만나지 않는다.

세속의 사람들은 큰 것을 두려워하고 작은 것을 업신여긴다. 많은 것을 어렵게 생각하고 적은 것을 쉽게 생각한다. 그리하여 평소에는 작고 적은 것을 등한시하다 어렵고 큰 것이 닥친 후에야 비로소 도모하니 모든 것이 쓸모없는 지경에 이르게 된다. 성인은 무위를 행하므로 못하는 것이 없고 일 없이 일을 하니 일하지 않는 것도 없다. 크고 작은 것을 구별하지 않으니 어려운 일도 없고 쉬운 일도 없이 도 하나로 만날 뿐이다.

제 64 장

其安易持, 其未兆易謀, 其脆易破, 其微易散。
為之於未有, 治之於未亂。
合抱之木生於毫末, 九層之臺起於累土, 千里之行始於足下。
為者敗之, 執者失之。是以聖人無為故無, 無執故無失。
民之從事, 常於幾成而敗之。慎終如始, 則無敗事。
是以聖人欲不欲, 不貴難得之貨。 學不學, 復 衆人之所過。
以輔萬物之自然, 而不敢為。

[해석]

안정이 되었을 때 지키기 쉽다. 아직 조짐이 없을 때 도모하기 쉽고 여리고 약할 때 돌파하기 쉽고 미세하게 작을 때 해산시키기 쉽다. 문제가 발생하기 전에 미리 대처하고 혼란이 있기 전에 다스려야 한다. 아름드리나무도 털끝만 한 작은 것이 자란 것이고 구층 누각도 한 줌의 흙으로부터 올라가고 천 리 길도 한 걸음부터 시작된다. 억지로 행하려는 자는 패하게 되고 집착하는 자는 잃게 된다. 그러므로 성인은 무위를 행하므로 실패하는 일이 없고 집착하는 일이 없으니 잃는 것이 없다. 사람들이 하는 일은 항시 거의 이루어 가다가 실패하는 일이 많다. 끝맺음을 처음 시작할 때처럼 신중히 하면 실패하는 일이 없을 것이다. 그리하여 성인은 욕심을 갖지 않기를 원하고 희귀한 재화를 소중하게 여기지 않고 배우지 않는 것을 배워서 사람들이 범한 과오를 회복하려 한다. 무위를 행하여 만물이 자연을 따라 살아가도록 도와줄 뿐 함부로 작위를 행하려 하지 않는다.

[주석]

지(持): 유지하다. 견지하다. 지키다의 뜻임.
미조(未兆): 조짐. 징조가 보이지 않는다의 뜻임.
모(謀): 대책을 세운다. 계책을 강구하다의 뜻임.
취(脆): 단단하지 않고 무르다는 뜻임.
산(散): 흩어진다. 흩어져 없어지다의 뜻임.
합포(合抱) : 한 아름의 뜻임.
기성(幾成): 거의 다 이루어지다의 뜻임.
민지종사(民之從事): 백성들이 일을 하는 경우에 백성들이 일을 함에 있어서의 의미임.
복(復): 원래대로 되돌린다는 뜻임.
소과(所過): 도를 지나치거나 잘못된 과오를 뜻함.
불감위(不敢爲): 감히 유위를 행하여 일을 꾸미지 않는다는 의미임.

[해설]

모든 일은 시작과 끝맺음이 중요하다. 화와 복이 같이 움직이듯이 좋은 일과 나쁜 일은 동반하여 움직인다. 모든 일은 작고 쉬운 일부터 시작해야 실패하는 일이 적고 문제가 작을 때 조처를 취해야 해결하기가 쉽다. 무에서 유가 생기고 작은 것이 커서 큰 것이 되는 것이 자연의 이치이다.

그리하여 안정되었을 때 성심을 다하면 그 안정이 오래 지속될 수 있다. 문제가 일어날 기미가 보이지 않을 때 미리 대비하여 계획을 세우면 일을 도모하기가 쉽고 문제가 고착되기 전에 해결을 시도해야 돌파하기가 쉬우며 잘못된 과오도 사소한 잘못일 때 털어내야 바로 잡기가 쉽다. 문제가 발생하기 전에 미리 대처하고 혼란이 커지기 전에 다스려야 한다. 일을 할 때에도 차근차근 시작부터 성심을 다해야 한다. 아름드리나무도 털끝만 한 싹이 자란 것이고 구층 누각도 한 줌의 흙으로부터 올라간 것이며 천 리 길도 한 걸음부터 시작되는 것이다. 욕심과 의지만 부풀려 억지로 일을 벌이면 실패하게 되고 지나친 탐욕으로 집착하면 오히려 모든 것을 잃게 된다. 그러므로 성인은 무위로써 담담한 마음으로 일을 대하니 실패하는 일이 없고 집착하는 일이 없으니 잃는 것이 없다.

사람들이 하는 일을 보면 항시 거의 이루어 가다가 실패하는 일이 많다. 자연의 순리를 거스르고 욕심이 과하기 때문이다. 다른 사람보다 앞서 가려는 욕심이 지나쳐 무리하게 일을 추진하거나 자신이 이룬 업적에 만족하지 못하여 일을 하찮게 여긴다. 할 수 있는 일에 관심이 없고 할 수 없는 일에 몰두하니 실패하는 일이 많은 것이다. 끝맺음을 처음과 같이 신중하게 해야 실패하는 일이 없다. 그리하여 성인은 욕심을 갖지 않는 것을 욕심으로 갖고 희귀한 재화를 소중히 여기지 않으며 세속으로부터 배우지 않는 것을 배워 사람들이 범하는 과오로부터 벗어나려고 한다. 만물이 자연의 이치를 따라 살도록 도와주고 함부로 자신의 욕심을 내세워 무리한 일을 하지 않는다.

제 65 장

古之善為道者, 非以明民, 將以愚之。

民之難治, 以其智多。

以智治國, 國之賊不以智治國, 國之福。

知此兩者亦楷式。

常知楷式, 是謂玄德。

玄德深矣, 遠矣, 與物反矣, 乃至大順。

[해석]

옛날에 도를 잘 수행한다는 것은 백성들을 총명하게 하도록 하는 것이 아니라 백성들을 우매하게 하는 것이다. 백성을 다스리기 어려운 것은 백성의 지혜가 많기 때문이다. 지혜로 나라를 다스리는 것은 나라의 도적이다. 지혜로 다스리지 않는 것은 나라의 복이다. 이 두 가지의 도리를 아는 것은 또한 도의 법식을 아는 것이다. 도의 법식을 알 수 있는 것을 현덕(玄德)이라고 한다. 현덕은 깊고 원대하여 만물과 더불어 되돌아온다. 그러한 연후에 모두가 하늘의 이치에 순응하는 대순(大順)에 이르게 된다.

[주석]

명(明): 총명. 사물의 내용을 파악하여 아는 것을 뜻함.

장(將): ~하다. 처리하다라는 뜻임.
우(遇): 우매함. 무지를 뜻함.
해(楷): 본뜨다. 본받다. 모방하다의 뜻임.
식(式): 법식(法式). 도의 법식을 뜻함.
현(玄 : 하늘처럼 크다는 뜻임.

[해설]

옛날의 지혜는 도를 알고 만물의 시작과 끝을 아는 큰 지혜였으나 작금의 지혜는 근본을 모르고 가지의 끝만 알고 물질을 탐하는 작은 지혜가 되었다. 그리하여 성인은 옛날의 큰 지혜의 우매함으로 백성을 다스리려 하고 작금의 작은 지혜의 총명함을 멀리하려 한다. 지혜로써 사람을 통제하면 사람들 또한 지혜에 대응하여 상하가 서로 적이 될 뿐이다. 이렇듯 덕과 지혜가 상반된 것이어서 노자는 말하기를

"지혜로 나라를 다스리는 것은 나라를 불행하게 하는 도적이고 지혜로 나라를 다스리지 않는 것은 백성을 행복하게 하는 나라의 복이다."라고 하였다. 그러므로 지혜를 따르는 것은 작은 총명으로 나라를 다스리는 작은 정치이고 무지 · 무욕으로 덕을 따르는 것은 도의 큰 뜻으로 나라를 다스리는 큰 정치이다.

이러한 도의 무지와 지혜의 두 가지 도리를 아는 것은 세속의 오염된 지혜로부터 도의 순수한 본성을 지키는 도의 법식을 아는 것이다. 덕과 지혜가 상반되는 작금의 도의 법식을 아는 것이 도의 현묘함을 아는 것이라 하여 현덕(玄德)이라고 한다. 현덕이 심오하고 원대하여 유의 세계를 방황하던 만물이 결국에는 도의 진실을 찾아 되돌아오게 된다. 이것이 만물이 도의 큰 뜻에 순응하는 대순(大順)에 이르는 것이다.

제 66 장

江海所以能為百谷王者, 以其善下之, 故能為百谷王。
是以聖人欲上民, 必以言下之。欲先民, 必以身後之。
是以聖人處上而民不重, 處前而民不害。
是以天下樂推而不厭。
以其不爭, 故天下莫能與之爭。

[해석]

강과 바다가 백곡의 왕이 될 수 있는 까닭은 강과 바다가 몸을 잘 낮추었기 때문이다. 고로 백곡의 왕이 될 수 있는 것이다. 그리하여 성인은 자신이 백성들의 위에 있고자 하면 필히 자신을 낮추어서 말해야 하고 자신이 백성들의 앞에 서고자 하면 자신을 필히 백성들의 뒤에 서게 한다. 그럼으로써 성인이 위에 있어도 백성들이 무겁게 느끼지 않고 앞에 있어도 백성들에게 방해가 되지 않는다. 그리하여 천하가 즐거이 그를 추대하여 받들고 싫어하지 않게 된다. 싸우려 하지 않기 때문에 천하의 누구도 더불어 다툴 수가 없다.

[주석]

백곡왕(百谷王): 많은 계곡이 시냇물이 모여 강이 되고 바다가 되는 것을 천하의 제왕에 비유하여 표현한 말임.
락추(樂推): 기꺼이 추대한다는 의미임.

[해설]

도가 만물이 생성될 수 있도록 모든 것을 갖추어 주지만 음양의 조화를 이루며 형체를 갖는 일은 만물이 스스로 하는 일이다. 강과 바다가 백곡의 왕이 되고 백곡의 물이 모인 것은 은혜를 베풀거나 인애를 베푼 것이 아니다. 낮은 곳에서 자리를 비우고 길을 내주어서 백곡의 물이 스스로 찾는 것이다. 강과 바다가 몸을 낮춘 것이지 몸을 넓힌 것이 아니다. 강과 바다가 백곡의 왕이 될 수 있는 것은 몸을 잘 낮추었기 때문이다. 백곡의 모든 물을 받아 준 것이다. 마치 천하의 모든 백성이 모여 들어 왕을 믿고 의지하며 살기를 청하는 것과 같다.

그러므로 백성의 위에 있고자 한다면 필히 자신을 낮추어 겸허함을 보여야 하고 백성들의 앞에 서고자 한다면 필히 자신을 백성들의 뒤로 처신하도록 해야 한다. 자신을 뒤따르는 백성들의 민심을 얻고 나서야 비로소 자신의 백성들의 위에 있고 앞에 설 수 있기 때문이다. 이러한 성인이 백성들의 위에 있을 때 백성들은 무거움을 느끼지 않고 백성들의 앞에 서도 백성들에게 방해가 되지 않는다. 그럼으로써 천하가 모두 즐거운 마음으로 그를 추대하여 받들고 싫어하는 사람이 없게 된다. 성인이 온화한 덕으로 백성을 돌보고 겸허하게 몸을 낮추니 천하가 모두 성인을 주인으로 섬긴다. 싸우려 하지 않기 때문에 천하의 누구와도 싸울 수 없고 싸우지 않고 모두를 받아 주니 백곡의 왕이 되었다.

제 67 장

天下皆謂我道大, 似不肖。
夫唯大, 故似不肖。若肖, 久矣其細也夫。
我有三寶, 持而保之。
一曰慈,
二曰儉,
三曰不敢為天下先。
慈故能勇, 儉故能廣, 不敢為天下先故能成器長。
今舍慈且勇, 舍儉且廣, 舍後且先, 死矣。
夫慈, 以戰則勝, 以守則固。
天將救之, 以慈衛之。

[해석]

천하의 모든 사람들은 나의 도가 커서 닮은 것이 없는 것 같다고 말한다. 단지 크기 때문에 무엇을 닮은 지 알 수가 없다. 만일 무언가를 닮았다면 오래 전에 그것은 이미 작은 것이 되었을 것이다! 나는 세 가지 보물을 갖고 있다. 나는 그것을 소중하게 지켜서 간직한다. 첫째는 자애이고 둘째는 검약이고 셋째는 감히 세상의 앞에 서지 않는 것이다. 자애로우니 용감해질 수 있고 검약하니 광대해질 수 있으며 천하의 앞에 서지 않으니 만인의 수장이 될 수 있었다. 지금 사람들은 자애를 버리고도 용감하려 하고 검약을 버리고도 광대해지려 하고 천하의 뒤에 서기를 포기하고도 사람들의 앞에 서려고 한다. 죽는 길로 가는 것이다. 자애로움으로 싸우면 적을 이기고 자애로움으로 지키면 무엇 보다 견고하다. 하늘은 장차 자애로 스스로 지키는 사람을 구할 것이다.

[주석]

불초(不肖): 아버지를 닮지 않은 사람이나 어리석은 사람. 불효자로 쓰이지만 여기에서는 글자가 갖는 의미 그대로 닮지 않았다는 의미로 해석함. 반대로 초(肖)는 닮았다는 뜻으로 해석함.

지이보지(持而保之): 지켜서 간직한다는 보지(保之)의 뜻임.

성기장(成器長): 겸허한 마음으로 사람들 뒤에 섬으로써 비로소 인격이 완성되어 훌륭한 인재로 거듭날 수 있었다. 그리하여 천하에 유익한 인재가 되고 만물의 수장이 되었다는 의미임 - 왕필(王弼) 주(注), 기(器)는 그릇 또는 인재를 의미하고 장(長)은 수장(首長) 또는 관장(官長)을 의미함.

사이(死矣): 사생차사이(舍生且死矣)로 살 길을 버리고 죽으려는 것이다라는 뜻임.

[해설]

도는 형체도 없고 이름도 없이 모든 만물을 두루 섭렵하니 큰 것이 당연하다. 단지 크기 때문에 비슷한 것이 없는 것 같다고 한다. 모든 만물을 도가 생성하였는데 어찌 그 중 하나만을 닮을 수 있겠는가? 만일 닮은 것이 있다면 만물 중의 하나에 불과하니 도는 이미 작은 것이 되었으리라! 굳이 닮은 것을 보려 한다면 도를 닮은 것은 도를 체득한 나의 마음일 것이다. 도를 닮은 나는 세 가지 보물을 갖고 있다. 나는 그것을 소중하게 지키고 간직한다. 첫째는 자애이고 둘째는 검약이며 셋째는 감히 세상의 앞에 나서지 않는 것이다.

첫째, 자애로움으로 용감해질 수 있다. 자애로운 마음은 연약하지만 조건 없이 넓은 어머니의 사랑이다. 어머니의 자애로움은 천하의 모든 견고하고 강한 것을 이기니 자애로움을 지키는 나는 용감해질 수 있다.

둘째, 검약하니 광대해질 수 있다. 검약하는 것은 가진 것을 다 소비하지 않는 마음이니 항상 부족하지 않게 되어 남을 도울 수 있는 여유가 생긴다. 검약하는 것이 나에게 넓고 여유 있는 마음을 갖도록 하여 나는 검약으로 광대해질 수 있다.

셋째, 감히 천하의 앞에 서지 않으니 만인의 수장이 될 수 있다. 감히 세상의 앞에 서지 않는 겸허한 마음은 항상 나로 하여금 사람들의 앞에 나서지 않고 몸을 낮춰 사람들의 뒤에 서게 하고 밖에 머물게 하였다. 그리하여 만인이 나에게 돌아와 의지하고 인재들이 나를 칭송하고 도우니 나는 감히 천하의 앞에 서지 않음으로써 가장 높은 곳에 오르고 만인의 수장이 될 수 있게 되었다.

지금의 사람들은 자애로움을 버리고도 용감해지려 하고 검약하는 마음이 없이도 광대해지려 하고 감히 천하의 앞에 서려 하지 않는 겸허함을 버리고도 천하의 수장이 되고자 앞에 나선다. 살 길을 버리고 죽을 길로 가려는 것이다. 자애로운 마음은 셋 중의 으뜸이다. 자애로운 마음은 많은 사람들의 마음을 가깝게 하여 하나로 만드는 것이니 자애로움으로 싸우면 이기지 못하는 것이 없고 자애로움으로 지키면 무엇보다 더 견고하다. 하늘은 장차 자애로움으로 스스로를 지키는 사람을 구원할 것이다.

제 68 장

善為士者不武, 善戰者不怒, 善勝敵者不與, 善用人者為之下。
是謂不爭之德, 是謂用人之力, 是謂配天古之極。

[해석]

훌륭한 무관은 무력을 사용하지 않고 훌륭한 전사는 쉽사리 노하지 않으며 훌륭한 승자는 싸움하지 않고 적을 이기고 인재를 잘 쓰는 사람은 겸허하게 자신을 낮춘다. 이러한 것을 싸우지 않고 이기는 덕이라 하고 인재를 임용하는 능력이라고 하고 하늘의 도에 부합하는 것이라고 하여 옛날 사람들이 가장 중요시 하였다.

[주석]

위사자(爲士者): 병사를 거느리는 지휘관을 뜻함.
부여(不與): 적과 전쟁하지 않고의 뜻임.
배천(配天): 하늘의 도에 맞는다. 부합된다는 의미임.
극(極): 가장 중요시 하는 것. 최고의 이상을 뜻함.

[해설]

무관은 무를 근본으로 생각하지만 무력을 시행하는 것에는 신중을 기해야 한다. 무로써 무를 행하는 것은 죽음을 뜻하기 때문이다. 덕이 있는 무관은 부득이한 것이 아니면 함부로 병력을 동원하지 않는다. 만일 함부로 싸움에 임하고 쉽게 노하여 병력을 동원한다면 이것은 인명을 하찮게 여기거나 고의로 살인을 자행하는 것과 다르지 않다. 필시 하늘의 재앙을 부르게 되고 하늘의 도를 위배한 자는 전쟁에서 이길 수 없다.

그러므로 훌륭한 무관은 무력을 사용하지 않고 훌륭한 전사는 쉽사리 노하지 않으며 훌륭한 승자는 싸움하지 않고 적을 이기고 인재를 잘 쓰는 사람은 겸허하게 자신을 낮춘다고 하였다. 이러한 것을 싸움을 하지 않는 덕이라고 하고 인재를 잘 임용하는 능력이라고 하며 하늘의 도에 부합하는 것이라고 하여 옛날 사람들이 가장 중요하게 생각하였다.

제 69 장

用兵有言, 吾不敢為主而為客, 不敢進寸而退尺。
是謂行無行, 攘無臂, 扔無敵, 執無兵。
禍莫大於輕敵, 輕敵幾喪吾寶。
故抗兵相加, 哀者勝矣。

[해석]

군대를 지휘하는 사람이 말하기를 "나는 감히 주가 되지 않고 객이 되려고 한다. 감히 일촌도 앞으로 나가지 않고 오히려 일척을 뒤로 물러나겠다."라고 하였다. 이것은 병력 없는 진을 짜고 팔이 없는 소매를 걷어 올리고 없는 적을 쳐부수고 없는 병기를 손에 쥐겠다는 말이다.

적을 가벼이 여기면 돌아오는 화가 막대하고 적을 가벼이 여기면 내가 갖고 있는 보물을 잃게 된다. 그러므로 양 군의 대항이 상당할 경우에는 자애로운 마음을 갖는 애절한 쪽이 이기게 된다.

[주석]

유언(有言): 이러한 말이 있다는 뜻임.
행무행(行無行): 행(行)은 행렬을 뜻하고 고대 군제의 병제에는 25명을 일행으로 하였음. 따라서 행이 없는 행렬을 짠다는 말이니 병력 없는 진을 짠다는 의미가 됨.
잉무적(扔無敵): 잉(扔)은 쳐부수다. 때려 부수다의 최회(摧毁)의 뜻을 갖고 있으므로 없는 적을 쳐부수다는 의미로 해석됨.

기상오보(幾喪吾寶): 하상공은 보(寶)를 자신으로 해석하였고 왕필과 여길보(呂吉甫)는 보를 삼보(三寶) 즉 자애·검약·겸허를 해석하였음. 본문에서는 보를 삼보로 해석하여 도를 잃고 자만한 마음으로 적을 가벼이 보면 자신의 세 가지 보물을 모두 잃게 된다고 해석하였음. 기(幾)는 거의. 대부분의 뜻임.

항병상가(抗兵相加): 항병은 동원할 수 있는 군대의 거병(擧兵)의 뜻이고 상가는 엇비슷하다는 상당(相當)의 뜻임. 따라서 동원할 수 있는 병력이 서로 엇비슷한 경우라는 뜻으로 해석함.

[해설]

주는 전쟁을 조성한 쪽이고 객은 적의 공격에 응전하는 것을 뜻한다. 진이라는 것은 전쟁을 할 의사가 있다는 것이고 퇴라는 것은 전장을 할 의사가 없다는 뜻이다. 내가 감히 주가 되지 않고 객이 되겠다고 하여 전쟁을 할 의사가 없음을 밝혔다. 비록 군대가 있지만 병력 없는 진을 짜고 팔이 없는 소매를 걷어 올리고 없는 적을 쳐부수고 없는 병기를 손에 쥐고 전쟁에 나가면 일촌도 앞으로 나가지 못하고 오히려 일척을 후퇴하는 것이 당연하다. 최대한 전쟁을 하지 않겠다는 의지의 표현이다.

도를 잃은 군주는 자신의 힘을 과신하고 적을 가벼이 여긴다. 적을 가벼이 여기면 전쟁을 쉽게 생각하는 것이고 전쟁을 쉽게 생각하면 살인을 쉽게 생각하는 것이다. 이러한 군주는 도를 어기고 세 가지 보물 중 자애를 잃게 되므로 화를 면하기 어렵다. 자식을 사랑하는 어머니의 자애는 자애를 지키는 사람을 용감하게 하여 어느 누구와 싸워도 이길 수 있게 한다고 하였다. 따라서 양쪽의 병력이 서로 가세하여 전생이 본격화 된다면 가족을 잃지 않으려는 애절한 마음으로 방어하던 쪽이 이기게 된다.

제 70 장

吾言甚易知, 甚易行。
天下莫能知, 莫能行。
言有宗, 事有君。夫唯無知, 是以不我知。
知我者希, 則我者貴。是以聖人被褐懷玉。

[해석]

내가 하는 말은 매우 알기 쉽고 실행하기도 아주 쉬운데 세상 사람들은 그 것을 알지 못하고 실행하지 못한다. 내가 하는 말에는 근원적인 논거가 있고 내가 하는 행동에는 일정한 규율이 있다. 나는 완전히 무지 상태가 되었으니 이러한 것은 내가 알아서 하는 것이 아니다. 나를 알아보는 사람이 드문 것은 즉 내가 갖고 있는 도가 귀하다는 뜻이다. 그러므로 성인은 외관으로는 누추한 옷을 입었지만 그 속에는 귀한 옥을 품고 있다.

[주석]

언유종(言有宗): 내가 하는 말은 도에 근본을 두고 하는 말이라는 뜻임.
사유군(事有君): 내가 하는 행동은 군신의 관계처럼 도의 엄격한 규율에 따라 하는 행동이 라는 뜻임.

부아지(不我知): 나를 알아보지 못한다의 뜻임.
지아자(知我者): 나를 알아보는 사람이라는 뜻임.
아자(我者): 내가 갖고 있는 도. 나의 도의 뜻임.
피갈회옥(被褐懷玉): 피갈은 삼베로 만든 평민의 옷. 회옥은 옥을 품고 있다는 뜻으로 외관은 누추한 옷을 입었지만 가슴에는 옥을 품고 있다는 의미임. 옥은 도를 뜻함.

[해설]

도를 도라고 할 수 있으나 그것은 도가 아니고 이름을 이름이라 부를 수 있으나 그것은 도가 말하는 이름이 아니다. 하지만 사람들은 도를 말하고 이름을 정하여 세상의 일들을 규정한다. 내가 하는 언행이 그토록 알아듣기 쉽고 실행하기 쉽지만 알아듣지 못하고 실행하지 못한다. 배움에 매달리고 일로써 일하려고 하고 명리를 찾아 방황하니 도를 알기 어렵다. 도를 수행하는 나는 말하지 않고 생각하지 않는다. 무지의 상태로 들어가려고 노력하는 것이다. 내가 하는 언행은 내가 알아서 하는 것이 아니다. 자연의 순리를 따라 도에 근거하여 말하고 도의 규율에 따라 행동 할 뿐이다. 이러한 나를 아는 사람이 희박하니 그것은 내가 희귀하다는 것이 아니겠는가? 성인은 외관으로 보면 누추한 옷을 입었지만 속에는 귀한 옥을 품고 있다. 욕심을 버리고 자신을 비워보지 못한 사람은 배움으로 도를 안다고 생각하여 도를 말하고 이름을 정하려 한다. 이러한 사람은 일생동안 성인의 누추한 겉옷만 보고 안에 품은 귀한 옷을 보지 못한다. 일생동안 단 한 번도 자신을 비워보지 못하여 도를 깨닫지 못하는 것은 애석한 일이다.

제 71 장

知不知, 上。不知知, 病。
夫唯病病, 是以不病。
聖人不病, 以其病病, 是以不病。

[해석]

아는 것을 스스로 안다고 생각하지 않는 것은 덕이 높은 것이고 알지 못하는 것을 안다고 생각하는 것은 그 사람의 덕에 병이 있는 것이다. 무릇 병이 있는 것을 스스로 병이 있다고 생각하면 이것은 병이 아니다. 성인의 덕에 병이 없다는 것은 병을 병으로 알고 있기 때문이다. 그래서 병이 아닌 것이다.

[주석]

지부지(知不知): 앞의 지는 세속의 지식을 아는 것이고 뒤의 지는 도의 진실을 아는 것을 의미함.
상(上): 도를 알아서 덕이 높은 것을 의미함.
부지지(不知知): 앞의 지는 도의 진실을 아는 것이고 뒤의 지는 세속의 지식을 아는 것을 의미함.
병(病): 잘못된 폐단이나 결함. 도를 알지 못하여 덕이 부족한 결함을 의미함.

[해설]

도를 아는 사람은 세속에서 습득한 지식을 아는 것으로 생각하지 않는다. 이러한 사람은 덕이 높은 사람이다. 도를 알지 못하는 사람은 세속에서 습득한 지식으로 충분하다고 생각하여 모든 것을 알고 있는 것으로 생각한다. 이러한 사람이 아는 것은 만물을 보고 배운 것이므로 유를 보았지만 무를 보지 못하였다. 유의 겉모습만 보고 진실을 보지 못했기 때문에 아는 것이 허위이고 근본에서 멀리 떨어져 있음을 알지 못한다. 따라서 이러한 사람의 덕에 병이 있다고 하는 것이다.

무릇 잘못된 것을 스스로 잘못된 것으로 생각한다면 이것은 잘못된 것이 아니다. 그러므로 성인의 덕에는 잘못된 결함이 없다. 알지 못하는 것을 스스로 안다고 생각하는 것이 도를 모르고 덕이 부족해서 그렇다는 것을 알기 때문이다. 그래서 성인의 덕에는 병이 없는 것이다. 소인은 도를 멀리하고 자신이 아는 것으로만 세상을 알려고 하므로 덕에 결함이 있는 것이다. 강한 것만 추구하여 수명을 단축하고 진실과 허위를 분간하지 못해서 시간을 허비한다. 성인은 이것이 병임을 알기 때문에 그러한 잘못을 범하지 않는다.

제 72 장

民不畏威, 則大威至矣。
無狹其所居, 無厭其所生。
夫唯不厭, 是以不厭。
是以聖人自知不自見, 自愛不自貴。
故去彼取此。

[해석]

백성들이 위세를 두려워하지 않으면 더 큰 위세가 닥치게 된다. 백성들이 사는 곳에 정을 붙이지 못하는 것은 백성들이 삶을 유지하기가 어렵다는 것이다. 무릇 백성들은 억압하지 않아야만 백성들이 나라를 혐오하지 않는다. 그리하여 성인은 자신이 아는 것을 나타내려 하지 않고 자신을 아끼지만 자신을 높이려 하지 않는다. 고로 위세를 버리고 덕을 취한다.

[주석]

대위(大威): 큰 위세. 하늘이 내리는 재앙을 의미함.
협(狹): 친근하게 가까이 한다는 뜻으로 압(狎)과 같은 뜻으로 통용함.
염(厭): 싫어한다. 혐오한다와 흡족하다. 만족하다의 뜻임. 첫 번째 염은 만족한다는 뜻이고 두 번째 염은 억압하다는 뜻이고 세 번째 염은 혐오한다는 뜻임.

견(見): 나타내서 보이다의 뜻임.

귀(貴): 높여서 귀하게 하다는 뜻임.

거피취차(去彼取此): 위세를 버리고 덕을 취한다는 뜻임.

[해설]

백성들이 당연히 두려워해야 할 나라의 위세를 두려워하지 않으면 남은 것은 하늘의 위세뿐이다. 하늘의 위세가 닥치면 큰 재앙이 일어나게 된다. 나라가 덕도 없고 위세도 없는 마지막 단계에서 다다른 것이다. 폭정으로 백성들이 삶을 포기했거나 백성들의 힘이 나라의 위세보다 강해진 것이므로 많은 백성이 죽고 나라가 망하게 된다.

인간의 본성은 본래 넓은 곳을 자유롭게 옮겨 다니며 사는 것이다. 군주가 군사의 힘만 믿고 위세로써 나라를 다스리면 백성들은 보이지 않는 곳으로 숨거나 다른 나라로 피신하게 된다. 백성들의 일상생활을 억압해서는 안 되고 백성들의 생업을 통제해서는 안 된다. 백성들을 억압하지 않아야 백성들이 나라의 위세를 혐오하지 않게 된다.

그리하여 성인은 자신을 나타내거나 자신을 높이려 하지 않는다. 덕으로 백성을 다스리면 나라의 위세가 강하지 않아도 백성들은 모두가 군주의 권위를 존중하고 두려워한다. 군주가 자신을 나타내고 높이려 하면 백성들에게 위세를 보이고 백성들을 억압하게 된다. 그리하여 성인은 위세를 높이려 하지 않고 덕을 취한다.

제 73 장

勇於敢則殺, 勇於不敢則活。
此兩者, 或利或害。天之所惡, 孰知其故。
是以聖人猶難之。
天之道, 不爭而善勝, 不言而善應, 不召而自來,
繟然而善謀。
天網恢恢, 疏而不失。

[해석]

용감하게 감행하면 죽는 것이고 용감하게 감행하지 않으면 사는 것이다. 이 두 가지는 혹은 이득이 되고 혹은 해가 된다. 하늘이 싫어하는 까닭을 누가 알겠는가? 그리하여 성인은 용감하게 감행하는 것을 어려운 것으로 생각한다. 하늘의 도는 싸우지 않고도 쉽게 이기고 말하지 않고도 잘 대응하며 부르지 않아도 스스로 오고 대범하면서도 잘 도모한다. 하늘의 도가 사용하는 그물은 워낙 커서 구멍이 성기더라도 빠뜨리는 것이 없다.

[주석]

용어감즉살(勇於敢則殺): 용감히 감행하면 사람을 죽이게 된다는 뜻임.

용어불감즉활(勇於不敢則活): 용감히 감행하지 않으면 사람을 살리게 된다는 뜻임.
천연(繟然): 대범한 모양을 뜻함.
선모(善謀): 도모를 잘한다를 뜻함.
천망(天網): 하늘이 쳐 놓은 그물. 도의 그물이라는 뜻임.
회회(恢恢): 넓고도 큰 모양을 뜻함.
소(疎): 그물의 코가 커서 성성한 것을 의미함.

[해설]

대부분의 사람들은 용단을 내려 감행하는 것을 알지만 용단을 내려 감행하지 않는다는 것은 알지 못한다. 용단을 내려 감행하는 것은 스스로 예리한 칼날을 밟아 유위를 감행하는 것이고 용단을 내려 감행하지 않는 것은 중용의 덕을 베푸는 일이다. 칼날을 밟는 것은 해를 주는 일이지만 사람들은 그 해를 가볍게 생각하고 중용의 덕을 베푸는 것이 사람을 이롭게 하지만 사람들은 그 이로움을 알지 못한다. 사람을 죽고 살게 하는 일은 도리를 얻으면 하늘이 보우하지만 도리를 잃으면 만물이 돌아서게 된다. 이 두 가지는 이롭기도 하고 해롭기도 하다. 하늘이 좋아하는 일은 이로운 일이고 하늘이 싫어하는 일은 해로운 일이다. 하지만 하늘이 싫어하는 까닭을 어찌 알 수 있겠는가? 그리하여 덕이 있는 성인도 이러한 일을 아주 어려운 일로 생각한다.

하늘의 도는 싸우지 않고도 잘 이기고 말하지 않고도 잘 대응하고 부르지 않아도 스스로 오고 대범하게 판단해도 일을 잘 도모한다. 성인이 덕을 쌓고 평정심을 지키지만 용단을 내릴 때는 성심을 다하여 도를 따라 감행한다. 그리하게 되면 도가 그러하듯 잘못되는 일이 없을 것이다. 그리하여 말하기를 "하늘의 도가 사용하는 그물은 그물 구멍이 커서 다 빠져나갈 것처럼 보이지만 그물이 워낙 커서 절대 빠져나가게 하는 일이 없다."라고 하였다. 형벌을 관대하게 처리하여 덕으로 다스리더라도 결국 도의 범주를 벗어나기 어려우므로 용단을 내려 감행하지 않음으로써 사람을 함부로 죽이지 않는 것이 결국은 자신을 살리고 나라에도 이로운 일이 될 것이다.

제 74 장

民不畏死, 奈何以死懼之。

若使民常畏死, 而為奇者, 吾得執而殺之, 孰敢。

常有司殺者殺。

夫代司殺者殺, 是謂代大匠斲。

夫代大匠斲者, 希有不傷其手矣。

[해석]

백성들이 죽음을 두려워하지 않으면 어찌 죽음으로 백성들을 두렵게 하겠는가? 만일 백성들로 하여금 항상 죽음을 두려워하게 하여 사회를 교란시키는 사람을 내가 잡아서 죽이면 감히 누가 다시 사회를 교란시키려 하겠는가? 지금까지 사람을 죽이는 것은 사살자가 맡아서 시행해 왔다. 내가 사살자의 일을 대신하여 사람을 죽이는 것은 대목수가 나무 깎는 도끼질을 대신하는 것이라고 한다. 무릇 대목수의 일을 대신하는 사람 중 손을 다치지 않는 사람이 드물다.

[주석]

기자(奇者): 바르지 못한 사람. 정도에서 벗어나 사회를 교란시키는 사람을 뜻함.

사살자(司殺者): 죽음을 맡아 시행하는 자. 사형을 시행하는 자를 뜻함. 하늘을 의미하는 말임.
대장(大匠): 대목수를 뜻하는 말임.
착(斲): 나무를 깎고 찍는 도끼질을 뜻함.

[해설]

모든 나라가 예외 없이 정치가 번잡하면 형벌이 무거워진다. 형벌이 무거워지면 백성들은 나라를 떠나거나 도적이 되어 나라에 대항한다. 백성이 정치를 편안하게 생각하고 항상 사는 것을 즐긴다면 죽는 것을 두려워하지 않는 백성이 없을 것이다. 백성이 죽음을 두려워하지 않는다면 백성이 더 이상 희망을 둘 곳이 없다는 것이다. 형법을 엄하게 다스리는 것이 무익할 것이다. 그러므로 형법에 의존하여 나라를 다스리는 정치는 오래 지속하기 어렵다. 오히려 백성을 편안하게 한 연후에 법을 위반하고 혼란을 야기 시키는 자를 처벌한다면 나라에 불복하는 자가 있을 수 없을 것이다.

지금까지 항상 사람을 죽이는 일은 사살자가 따로 있어 그 일을 시행해왔다. 하늘의 도에 역행하여 만물이 운행하는 도의 기강을 교란하는 자는 하늘이 심판하였다. 죽이더라도 하늘의 도리로 심판한다면 사람이 죽이는 것이 아니다. 그러나 도를 버린 자가 사람을 죽인다면 그것은 사살자인 하늘이 할 일을 대신 하는 살인이다. 사살자를 대신 하는 것은 대목수의 나무 깎는 도끼질을 대신 하는 것과 같다. 대목수의 일을 대신한 사람 중 다치지 않은 자가 드물다. 따라서 사살자를 대신하여 사람을 죽이는 것은 결국 자신을 상하게 하는 일이니 형벌을 무겁게 시행하여 백성을 다스리는 일이 도의 기강에 역행하는 자멸의 길임을 알아야 한다.

제 75 장

民之饑, 以其上食稅之多, 是以饑。
民之難治, 以其上之有為, 是以難治。
民之輕死, 以其上求生之厚, 是以輕死。
夫唯無以生為者, 是賢於貴生。

[해석]

백성들이 배고픈 것은 위에 세금으로 살아가는 사람이 너무 많아졌기 때문이다. 백성을 다스리기 어려운 것은 윗사람들이 유위의 정치를 하기 때문이다. 그래서 다스리기가 어려워진 것이다. 백성들이 쉽게 삶을 포기하는 것은 윗사람의 생활에 대한 요구가 너무 크기 때문이다. 그래서 백성들이 쉽게 삶을 포기하는 것이다. 오로지 자신을 버리고 무로써 삶을 사는 것이 자신의 삶을 높이려 하는 것 보다 현명할 것이다.

[주석]

식세(食稅): 세금으로 살아가다의 뜻임.
유위(有爲): 무위가 만물이 스스로 조화를 이루도록 도와주는 반면 유위는 군주의 탐욕으로 인하여 백성을 간섭하고 통제하기 위한 각종 법률과 제도를 강화하고 세금을 징수하는 정치를 의미함.
무이생위자(無以生爲者): 아무것도 없이 포기하는 마음으로 생활 하는 것. 삶을 영위하려는 마음을 버린다는 의미임. 명리에 대한 욕심을 버려서 자신을 비우고 사는 것을 의미함.
귀생(貴生): 생에 대한 후(厚)한 애착과 익(益)의 욕심을 갖는 것을 뜻함. 삶에 대한 애착과 명리에 대한 욕심이 많은 것. 즉 자신의 삶을 존귀하게 높이려는 욕심을 뜻함.

[해설]

백성들이 배고픈 것은 백성들 위에 세금으로 살아가는 사람들이 너무 많기 때문이다. 과거에는 모든 사람이 농사를 지었으나 오늘 날에는 농사짓지 않고 세금으로 먹고 사는 사람이 많아졌다. 농사를 짓지 않는 사람이 배불리 먹고 농사짓는 사람이 배가 고픈 세상이 된 것이다. 궁궐을 크게 지어서 관료가 많아지고 병사를 늘리니 세금이 갈수록 더욱 늘어난다. 윗사람들이 많이 가져가게 되면 아랫사람들이 부족한 것은 당연한 결과이다.

백성들이 다스리기 어려워지는 것은 윗사람들이 유위의 정치를 하기 때문이다. 윗사람들이 욕심을 키우고 법과 제도를 강화시켜 백성을 다스리니 백성들은 살아 갈 방법을 찾지 못하여 법을 어기거나 고향을 떠나 도적이 된다. 법과 제도를 강화할수록 백성은 더욱 줄고 다스리기는 더욱 더 어려워진다.

백성들이 쉽게 삶을 포기하는 것은 윗사람들의 삶에 대한 요구가 너무 커졌기 때문이다. 그러므로 백성들이 손발을 둘 곳이 없다. 그러므로 백성들이 자신의 삶을 포기하고 죽음을 택하게 된다. 군주가 본분을 잃으면 나라가 존재할 수 없고 백성이 본분을 잃으면 더 이상 희망을 기대할 수 없다. 하물며 농부가 먹을 것이 없다면 무슨 희망이 있겠는가? 기대가 크면 실망도 큰 것이니 마음을 비워 무심으로 지내는 것이 삶을 귀하게 여기는 것보다 현명한 방법일 것이다.

제 76 장

人之生也柔弱, 其死也堅強。
萬物草木之生也柔脆, 其死也枯槁。
故堅強者死之徒, 柔弱者生之徒。
是以兵強則不勝, 木強則共。
強大處下, 柔弱處上。

[해석]

사람들은 살아 있을 때는 유약하고 죽게 되면 견고하고 강해진다. 만물 초목도 살아서는 부드럽지만 죽게 되면 말라서 딱딱해진다. 그러므로 견고하고 강한 것은 죽은 것이고 유약한 것은 산 것이다. 군대가 덕이 없이 강하면 승리할 수 없고 나무가 장대하게 자라면 베어져서 목재가 되는 것을 피할 수 없다. 강대한 것이 아래에 있고 유약한 것이 위에 있는 것은 자연의 이치이다.

[주석]

고고(枯槁): 말라서 딱딱한 것임.
도(徒): 같은 부류(類)의 의미임.
병각즉불승(兵强則不勝): 지휘관이 덕이 없이 견강한 군대는 죽은 군대로 보아 승리하기가 어렵다는 의미임. 견강한 군대는 원망이 많아 일체감이 약하고 적이 많아 승리하기 어렵다고도 해석함.

공(共): 공급(供給)의 뜻임. 목재를 공급하다의 의미임.

강대처하 유약처상(强大處下 柔弱處上): 하늘의 기는 위에 있고 땅의 견강함은 아래에 있다. 무위의 유약함을 행하는 군주는 위에 있고 유위의 견강함으로 살아가는 신하와 백성은 아래에 있다는 것이 만물의 이치라는 의미임.

[해설]

유약한 것은 무위를 행하여 도의 본성이 살아있는 것이고 견고하고 강한 것은 유위를 행하여 도의 본성에서 멀어지고 도로부터 받은 갓난아기의 기를 소모했음을 의미한다. 견고하고 강한 것은 죽은 것이고 유약한 것은 산 것이다. 그러므로 장수가 덕이 없이 강하기만 하면 승리할 수 없고 나무가 다 자라서 강대해지면 베어져서 목재로 쓰이게 되는 것을 피할 수 없다.

하늘은 위에 있고 땅은 아래에 있으면서 위에서 내리는 온화한 양기를 음기로 받아들여 조화를 이룬다. 백성들은 땅에서 유위를 행하여 삶을 영위하고 군주는 무위를 행하여 천하를 다스린다. 군주가 자애로 유약의 덕을 베풀어야 나라가 살아 있는 것이다. 나무가 위가 지나치게 무성하면 뿌리가 말라 죽듯이 덕이 없는 군주가 위에 있으면 나라가 수명을 단축하게 된다. 하늘의 기가 위에 있고 형체가 있는 땅이 아래에 있듯이 군주가 온화한 무위를 행하고 백성과 신하는 유위를 행한다. 이렇듯 거칠고 강대한 것이 아래에 있고 온화하고 유약한 것이 위에 있어야 한다. 이것이 자연의 이치이다.

제 77 장

天之道, 其猶張弓乎。高者抑之, 下者擧之。有餘者損之, 不足者補之。
天之道, 損有餘而補不足。
人之道, 則不然, 損不足以奉有餘。
孰能有餘以奉天下, 唯有道者。
是以聖人為而不恃, 功成而不處, 其不欲見賢。

[해석]

하늘의 도가 하는 일은 마치 활시위를 얹는 것과 같다. 높은 쪽을 누르고 낮은 쪽을 치켜 올린다. 여유 있는 것은 덜어 내고 부족한 것은 보충한다. 하늘의 도는 여유 있는 것에서 덜어 내어 부족한 것을 보충해 준다. 인간의 도는 그렇지 않다. 부족한 것에서 덜어 내어 여유 있는 것에 바친다. 누가 자신이 갖고 있는 여유를 천하에 바치려 하겠는가? 오직 도를 갖는 사람만이 할 수 있는 일이다. 그리하여 성인은 천하를 위하고도 의존하려 하지 않고 공을 이루고도 머물지 않고 그러한 어진 마음을 다른 사람에게 보이려 하지 않는다.

[주석]

기유장궁(基猶張弓): 하늘의 도가 여유 있는 사람에게서 덜어내는 것을 활의 가운데 활줌통을 눌러서 아래로 내리는 것에 비유하고 하늘의 도가 부족한 사람을 도와서 보충시키는 것을 끝 쪽 활고자를 세워서 활시위와 활 줌통 간의 간격을 더 높게 하는 것에 비유한 것임.
인지도(人之道): 사람이 살아가는 방식. 정황을 뜻함.
견(見): 나타내다. 보이다의 뜻임.

[해설]

양은 올라가고 음은 내려간다. 양이 올라가 하늘의 끝에 닿으면 다시 아래로 내려온다. 음이 내려가 땅의 끝에 다다르면 다시 위로 오른다. 이것이 높은 것은 억제하고 낮은 것은 올리는 하늘의 도이다. 만물이 서로 간에 조화를 이루고 균형을 유지하도록 뒤에서 돕는 것이다. 이것이 마치 활의 양쪽의 높이를 맞추어 균형을 이루도록 하는 것과 같다. 그러나 사람들의 도는 끊임없이 유위를 행하며 여유 있는 사람들의 편에 서서 부족한 사람들에게 손해를 준다. 가진 사람은 더 가지려 하고 부족한 사람은 계속 손해를 본다. 누가 과연 자신이 가진 것을 내놓아 천하를 공평하게 하겠는가? 오직 도를 가진 자만이 할 수 있는 일이다.

그리하여 성인은 천하를 위하여 공을 이루고도 의존하거나 머무르려 하지 않고 성인의 어진 마음을 사람들에게 보이려 하지 않는다. 성인이 의존하려 하고 머무르려 하고 사람들에게 보이고자 한다면 여유 있는 사람은 더 갖게 되고 부족한 사람은 계속 손해를 볼 수밖에 없을 것이다.

제 78 장

天下莫柔弱於水, 而攻堅強者莫知能勝, 以其無以易之。
弱之勝強, 柔之勝剛。天下莫不知, 莫能行。
是以聖人云, 受國之垢, 是謂社稷主。受國之不祥,
是謂天下王。
正言若反。

[해석]

천하의 어떠한 것도 물보다 유약하지 않다. 그리고 견고하고 강한 것을 공격하여 이길 수 있는 것으로도 물만 한 것을 알지 못한다. 물을 대신할 만한 것이 없기 때문이다. 약한 것이 강한 것을 이기고 부드러운 것이 단단한 것을 이긴다. 천하가 이러한 사실을 모르지 않지만 실행하지 못한다. 그리하여 성인이 말하기를 "나라의 오욕을 받아들이면 사직의 주인으로 남고 나라의 불길한 재앙을 받아들이면 천하의 왕이 된다."라고 하였다. 바른 말은 진실에 위반되는 것처럼 들린다.

[주석]

무이역지(無以易之): 바꿀 것이 없다. 대신할 것이 없다는 뜻임.
수국지구(受國之垢): 구는 탁하고 더러운 허물. 또는 오욕의 뜻임. 수는 나라의 힘이 약해서 당하는 오욕을 자신의 잘못으로 인한 결과로 인정하고 받아들이는 것을 의미함.
수국불상(受國不祥): 천하에 도와 덕이 약해짐으로 인하여 닥치는 불길한 재난과 재앙을 자신의 일로 받아들인다는 의미임.
정언약반(正言若反): 도에 맞는 말이 세속의 사람들에게는 진실에 위반되는 것으로 들린다는 의미임.

[해설]

만물 중 도와 가장 많이 닮은 것이 물이다. 물은 가장 유약하지만 어떤 강한 것도 물을 이기지 못한다. 강한 것으로 강한 것을 이기면 비록 이긴다 하더라도 필히 큰 상처를 남긴다. 그러나 물의 유약함은 승리를 기대한 적이 없지만 저절로 승리하게 된다. 도의 무위를 닮았다.

사람들은 견고하고 강한 힘에 굴복하는 것은 부끄럽게 생각하지만 유약함에 패배하는 것은 인식하지 못하고 인식하더라도 부끄러워하지 않는다. 세속의 힘에 눌리는 것을 치욕으로 생각하고 유약한 도의 꾸짖음은 하늘의 탓으로 돌린다. 그리하여 말하기를 "나라의 오욕을 받아들이면 사직의 주인으로 남게 되고 나라의 불길한 재앙을 자신의 것으로 받아들이면 천하의 왕이 된다."라고 하였다. 유약한 물이 단단하고 강한 것을 이긴다는 사실을 알면서도 도의 유약함을 지키고 실행하려 하지 않는 것이다. 그러므로 사람들은 바른 말은 도에는 부합하지만 세속에는 위반되는 것으로 들으려 한다. 세속에서 받는 허물은 치욕으로 생각하고 도를 거역하는 잘못은 자연의 재앙으로 넘기려고 한다.

제 79 장

和大怨, 必有餘怨, 安可以為善。
是以聖人執左契, 而不責於人。
有德司契, 無德司徹。
天道無親, 常與善人。

[해석]

큰 원한은 화해를 해도 원한이 다 없어지지 않고 필히 그 여지를 남긴다. 어찌하는 것이 가장 좋은 해결 방법이겠는가? 그래서 성인은 좌계를 차용 증서로 잡고 사람에게는 책임을 추궁하지 않는다. 덕이 있는 사람은 좌계로 채권을 관리하고 덕이 없는 사람은 세금을 징수하는 방법인 철로 채권을 관리하였다. 하늘의 도는 편애하지 않지만 항상 선인과 함께 한다.

[주석]

좌계(左契): 좌계는 고대에 사용하던 어음으로 채무에 대한 내용을 적은 대나무를 둘로 나누어 보관하던 증서로서 좌권(左卷)이라고도 함. 좌권에는 채무자가 서명하고 우권에는 채권자가 서명하여 각각 나누어 가졌음. 상환 시 좌·우권을 맞춰서 확인하였음. 진·한대에 이르러서는 국가에서도 이 어음제도를 사용하고 채권을 보증하였음. 후에 조권(操卷)이라 하여 증빙·증명 서류로 발전함. 고대의 신용거래에 많은 기여를 함.

불책어인(不責於人): 사람에게 책임을 물어 채권을 독촉하지 않음을 의미함.
사계(司契): 좌계로 채권을 관리함.
사철(司撤): 주나라 때의 세금징수 방식으로 현물징수 방법임. 채무를 이행하지 못하였을 때 집이나 토지 등 현물로 채무를 강제 집행하는 것을 의미함. 사철은 세금징수 방식으로 채권을 관리하는 것을 뜻함.
친(親): 가까이한다는 의미. 편애하는 것으로 해석함.
선인(善人): 도리를 따르는 덕이 있는 사람을 의미함.

[해설]

근본적으로 계약의 불합리성을 해결하지 않으면 덕으로 화해하려 해도 그 원한이 씻어지지 않는다. 사후에 원한을 해결하려 해도 해결이 쉽지 않다. 처음부터 원한을 사지 않도록 하는 것이 방법일 것이다. 그리하여 성인은 사람들과 계약을 할 때 계약서를 반으로 나눈 한 쪽을 좌계로 잡아 차용증으로 삼고 채권을 관리하였다. 상대방이 약속을 지키지 못하더라도 좌계를 보관하고 있으므로 사람에게 가혹한 책임을 묻지 않았다. 상대방도 우계를 보관하고 있으므로 불합리한 계약에서 오는 억울함이 없게 되는 것이다. 그러므로 덕이 있는 사람은 좌계의 어음으로 관리하고 덕이 없는 사람은 국가의 세금을 징수하듯 엄하게 관리하여 직접 현물로 강제 집행하였다. 이렇듯 덕이 있는 사람은 도리에 맞지 않는 망령된 행위로 다른 사람의 본성을 상하게 하지 않는다. 그러므로 항상 다른 사람에게 원한을 사는 일이 없다.

하늘의 도는 자연의 순리를 따른다. 특별한 사람을 편애하지 않는다. 항상 자연의 순리를 따르는 선인과 함께 한다. 그 선인은 좌계를 사용하는 덕이 있는 사람이다.

제 80 장

小國寡民。
使有什伯之器而不用, 使民重死而不遠徙。
雖有舟輿無所乘之, 雖有甲兵無所陳之, 使民復結繩而用之。
甘其食, 美其服, 安其居, 樂其俗。
鄰國相望, 雞犬之聲相聞, 民至老死不相往來。

[해석]

나라가 작고 백성의 수가 적으면 마을에 각종 농기계가 있어도 사용하는 사람이 없고 백성이 생명을 소중히 여겨 멀리 가려하지 않는다. 배와 수레가 있으나 타는 사람이 없고 갑옷과 병기가 있지만 진열해 놓은 곳이 없고 백성들이 옛날에 쓰던 끈을 묶는 매듭을 다시 사용해도 서로 속이는 일이 없다. 거친 음식이라도 맛있게 먹고 좋은 옷이 아니어도 만족하여 입고 누추한 집이라도 편안히 살고 현재의 소박한 풍속을 즐긴다. 인접한 다른 나라가 서로 보일 만큼 가까워 닭과 개가 우는 소리를 서로 들을 수 있으나 백성들은 죽을 때까지 서로 오가지 않고 사는 곳을 지킨다.

[주석]

사유(使有): 설령 갖고 있다 하더라도의 뜻임. 종사유(縱使有)임.

십백지기(什伯之器): 십(什)은 열 사람 또는 열 가구의 뜻이고 백(伯)은 백(佰)과 혼용하여 쓴 것으로 백인. 또는 백 가구를 뜻함. 십기(什器)는 다양한 일용 용품이라는 뜻이지만 여기에서는 열가구와 백 가구에 할당된 중형과 대형의 공용 농기구를 의미하는 것임.

중사(重死): 죽음을 가벼이 여긴다는 경사(輕死)에 반대되는 말임. 죽음을 엄중하게 여긴다는 의미임. 삶에 애착이 강하다는 뜻으로 해석함.

결승(結繩): 새끼줄을 묶어 약속의 표시로 사용한 고대의 거래방식을 의미함.

[해설]

나라가 작고 백성이 적을 때는 백성들이 순박하고 군주가 후덕하였다. 많은 양곡을 생산하지 않아도 먹을 것이 충분하였으므로 많은 농기계를 사용할 필요가 없었다. 노역을 동원하는 일이 없으니 백성들의 생활이 편안하고 백성들이 현재의 삶에 만족하여 멀리 이사 가려고 하지 않으니 비록 배와 수레가 있지만 타는 사람이 없고 갑옷과 병기가 있지만 진열할 곳이 없었다. 사람들이 순박하여 서로 속이는 일이 없으니 옛날에 사용하던 끈 매듭으로 수량을 확인하던 방법을 다시 사용하였다. 거친 음식이라도 맛있게 먹고 좋은 옷이 아니어도 만족하여 입고 누추한 집이라도 편안히 살고 소박한 풍속을 즐겼다. 인접한 다른 나라가 서로 보일 정도로 가까워서 닭과 개 울음소리를 서로 듣고 살지만 백성들은 늙어 죽을 때까지 서로 오가지 않고 살던 곳을 지켰다.

옛날 요·순 시절에는 나라가 작고 백성의 수가 적어도 나라가 편안하고 백성들이 행복하였다. 그러나 내가 사는 주나라는 나라도 커지고 백성의 수도 많아져 대국이 되었으나 국력은 쇠락하고 백성들은 가난에서 벗어나지 못하고 항상 부역에 시달리며 살고 있다. 모든 것이 욕심을 키운 결과이다. 군주는 대국을 다스리더라도 옛날 소국을 다스리듯 검약하고 백성의 수가 많더라도 적은 것으로 생각하여 노역 동원을 줄이고 큰 사업을 벌이는 것을 자제해야 한다. 대국을 소국 다스리듯 욕심을 버리고 무위로 다스린다면 백성들은 편안함을 되찾고 순박한 마음이 회복되어 나라를 떠나는 일이 없게 될 것이다. 노자가 주나라를 떠나 재야에 묻히기 전에 주나라의 실정을 한탄하여 말한 것으로 보인다.

제 81 장

信言不美, 美言不信。
善者不辯, 辯者不善。
知者不博, 博者不知。
聖人不積, 既以為人己愈有, 既以與人己愈多。
天之道, 利而不害。
聖人之道, 為而不爭。

[해석]

믿음이 있는 말은 아름답지 않고 아름다운 말은 믿을 수 있는 말이 아니다. 선한 사람은 교묘하게 말을 잘하지 않고 교묘하게 말을 잘하는 사람은 선한 사람이 아니다. 아는 사람은 박식하지 않고 박식한 사람은 아는 사람이 아니다. 성인은 쌓아 두지 않는다. 다른 사람을 위함으로써 자신이 더욱 더 만족하고 다른 사람에게 베풂으로써 자신이 더욱 풍성해진다. 하늘의 도는 만물을 이롭게 하고 해를 주지 않는다. 성인의 도는 다른 사람을 위하고 다른 사람과 더불어 다투려 하지 않는다.

[주석]

변(辯): 교묘히 말을 잘하는 교변을 뜻함.

부적(不積): 유를 쌓아서 가득 채우려 하지 않는 것을 뜻함.
기이위인(旣以爲人): 모든 것을 다른 사람을 위해 사용한다는 뜻임.
기유유(己愈有): 자신이 더 큰 만족을 얻는다는 의미임.
기이여인(旣以與人): 모든 것을 다른 사람에게 베푸는 것에 사용한다는 의미임.
기유다(己愈多): 자신이 더욱 더 많아진다. 풍요로워진다는 의미임.

[해설]

믿음은 진실과 통한다. 진실한 것은 있는 그대로의 질박한 것이어서 많은 사람들이 아름답다고 생각하지 않는다. 그러므로 믿음이 있는 말은 아름답지 않고 아름다운 말은 화려하지만 공허하여 믿을 수 있는 말이 아니다. 선한 자는 도로써 자신을 수양하고 말을 교묘히 꾸미지 않는다. 선하지 않은 자가 혀로써 우환을 일으킨다. 산에 옥이 있기에 그 산이 파이고 연못에 진주가 있어 그 물이 흐려진다. 말을 잘하며 말을 많이 하면 자신을 망치고 주위를 혼란하게 만든다. 그러므로 선한 사람은 교묘하게 말을 잘 하지 않고 교묘하게 말을 잘 하는 사람은 선한 사람이 아니다. 넓게 알지 못하는 자는 가장 중요한 근원을 지킨다. 넓게 아는 자는 많이 보고 들으려 하는 자이다. 이런 자는 도를 알지 못하고 중요하고 진실한 것이 남아 있지 않다. 그러므로 도를 아는 사람은 박식하지 않고 박식한 사람은 도를 알지 못한다. 믿을 수 있는 진실은 보이기 위한 것이 아니니 아름다울 필요가 없고 선은 두루 알리고자함이 아니니 말을 잘 할 필요가 없으며 도는 흔한 것이 아니니 박식할 필요가 없다.

군주가 재물을 쌓으려 하면 도둑질로 위세를 세우는 것이 되고 군주가 덕을 쌓게 되면 천하가 군주의 것이 된다. 그리하여 성인은 재물을 쌓으려 하지 않고 덕을 쌓는다. 다른 사람을 위하고 다른 사람에게 자신의 모든 것을 베푼다. 덕으로 교화하니 자신은 더욱 만족하고 더욱 풍요로워진다. 하늘의 도가 만물을 이롭게 하듯이 성인도 하늘의 도를 본받아 항상 다른 사람을 위한다. 다른 사람과 경쟁하거나 다투지 않는다.

부록

■ 부 록

《노자》의 해석에 많은 학자들이 참여했지만 《노자하상공장구(老子河上公章句)》와 왕필의 《노자주(老子注)》가 대표적인 해석으로 인정을 받고 있다. 《노자 하상공장구》는 작가와 시기에 대한 명확한 기록이 없다. 현재 전해지는 가장 오래된 기록으로는 삼국시대 오(吳)나라 사람인 갈현(葛玄)이 지은 「노자하상공장구서」에서 《노자하상공장구》가 전해진 내력을 말하고 있으나 비현실적이어서 신뢰성이 떨어진다. 그러나 많은 학자들이 정확한 시기를 정하지 못하지만 한나라 시대인 것에는 이견이 없다. 하상공의 노자 해석은 노자학 사상 가장 큰 영향을 준 해석본으로 당 현종의 《어주노자(御注老子)》도 하상공이 해석에 그 기본을 두고 있다. 왕필의 《노자주(老子注)》는 하상공과는 다른 관점에서 독창적으로 《노자》를 해석한 것으로 평가를 받는다. 왕필은 삼국시대 위(魏)나라 사람으로 노자학은 물론 《주역》 등 중국 사상사에서 중요한 위치를 차지하고 있는 천재학자이다. 하상공의 해석이 치국의 논리를 자신의 양생의 논리와 연계하여 설명한 것이 특징이라고 한다면 왕필의 해석은 간결, 명료하면서도 특유의 통찰력으로 논리적인 해석을 한 것이 특징이다. 이 외에도 엄준(嚴遵)의 《노자지귀(老子指歸)》도 하상공과 비슷한 입장을 보이며 중요한 해석본으로 인정을 받아왔다. 이 세 가지의 해석본이 그 후 많은 학자들의 《노자》 해석에 기본을 형성하며 노자학 발전에 기여하였다. 이 중 갈현의 「노자하상공장구서」와 왕필의 《노자지략(老子指略)》의 원문을 부록에 소개하였다.

1. 《노자 하상공장구서(老子河上公章句序)》

하상공의 성명은 알려진 바가 없다. 한나라 효문제 시절 강가에 풀로 엮어 지붕을 올린 집에서 살면서 노자의 《도덕경》을 읽었다고 한다. 문제가 노자의 말을 좋아하여 왕공과 대신들 중 주와 목에서 이천 석 이상의 봉록을 받는 조정 직속의 고위관리들에게 영을 내려 해석하기를 명하였다. 그러나 해석하지 못하는 구절이 많아 당시에는 해석할 수 있는 사람이 천하에 없었다. 그 때 시랑 대신 배해가 하상공이 《노자》를 읽는다는 말을 듣고 조서를 보내 해석하지 못하는 부분의 뜻을 물었다. 하상공이 말하기를 "도와 덕이 존귀한 것인데 멀리서 묻는 것은 맞지 않는 일이다."라고 하였다. 문제는 즉시 가마를 타고 그 곳을 찾아갔다. 문제가 말하기를 "하늘 아래 어느 곳도 왕의 땅이 아닌 곳이 없고 이 땅에 있는 사람 또한 왕의 신하가 아닌 사람이 없다. 또한 도의 영역에 큰 것이 네 가지 있고 왕이 그 중의 하나라고 하는데 당신이 비록 도를 닦았다고 해도 짐의 백성이다. 스스로 몸을 굽히지 않는다면 누가 높다는 것인가? 짐은 사람들을 부귀빈천하게 할 수 있는 힘을 갖고 있다."라고 하였다. 잠시 후 하상공이 두 손을 모은 채로 위로 떠올라 천천히 허공중에 구름처럼 땅과 백여 장이 떨어진 곳에 멈추었다. 한참을 지나 몸을 굽혀 말하기를 "지금 위로는 하늘이 닿지 않았고 중간에는 사람들과 같이 있지 않고 아래로는 땅을 밟지 않았습니다. 어디에 백성이 있다는 말입니까? 폐하가 저를 부귀빈천하게 하실 수 있습니까!"라고 답하였다. 효문제가 이 말을 듣고 깨닫고 그가 신선임을 알았다. 가마에서 내려와 머리를 숙여 예를 차리고 말하기를 "짐이 부덕하여 조상의 공을 욕보였다. 내가 부족하여 큰일을 맡기에 적당하지 않으니 우려하는 마음을 감당하기 어렵다. 비록 세상의 일들을 다스리지만 마음으로 도덕경을 경애한다. 식견이 어둡고 우매하여 많은 부분을 해석하지 못하고 있다. 도사께서 직접 와서 많은 사람들에게 가르침을 준다면 어두운 저녁에 밝은 태양 빛을 보게 될 것이다.”라고 하였다. 하상공은 즉시 흰 비단 천에 쓴《노자도덕경장귀(老子道德經章句)》두 권을 주며 말하기를 “이것을 가져가서 잘 연구하면 의문이 있는 것도 스스로 해독하게 될 것입니다. 제가 주해한 것은 경전이 내려 온 지 천칠백 년이 되었습니다. 그동안 세 사람에게 전한 바 있고 당신을 합하면 네 사람째입니다. 다른 사람에게는 보이지 않도록 하십시오! ”라고 하였다. 문제가 무릎을 꿇고 경전을 받았다. 말을 마친 후 하상공은 자리에서 사라지고 없었다.

태극좌선공 갈현 씀

河上公者, 莫知其姓也, 漢孝文皇帝時, 結草為庵於河之濱, 常讀老子《道德經》。文帝好老子之言, 詔命諸王公大臣州牧二千石朝直衆官, 皆令誦之。有所不解數句, 時天下莫能通者。聞侍郎裴楷說河上公誦老子, 乃遣詔, 使齎所不了義問之。公曰 : “道尊德貴, 非可遙問也。” 文帝即駕從詣之。帝曰 : “‘普天之下, 莫非王土 ; 率土之賓, 莫非王臣。’‘域中有四大, 王居其一也。’ 子雖有道, 猶朕民也。不能自屈, 何乃高乎? 朕足使人富貴貧賤!” 須臾, 河上公即拊掌坐躍, 冉冉在虛空之中, 如雲之升, 去地百餘丈而止於玄虛。良久, 俯而答曰 : “今上不至天, 中不累人, 下不居地, 何民之有? 陛下焉能令余富貴貧賤乎!” 帝乃悟之, 知是神人, 方下輦稽首禮謝曰 : “朕以不德, 忝統先業 ; 才不任大, 憂於不堪。雖治世事, 而心敬道德 ; 直以暗昧, 多所不了。惟蒙道君弘潛, 有以教之, 則幽夕覩太陽之曜光。” 河上公即授素書《老子道德經章句》二卷, 謂帝曰 : “敦研此, 則所疑自解。餘注是經以來, 千七百餘年, 凡傳三人, 連子四矣。勿示非其人!” 文帝跪受經。言畢, 失公所在。

하상공(河上公)

서한시대의 도가. 성명 미상. 강가에 움막을 짓고 살았다고 하여 하상공이라 부른 것으로 보임. 《사기》에서는 하상장인(河上丈人)이라 칭하였음.

갈현(葛玄)

삼국시대 오(吳)나라 사람으로 사람들이 부르기를 태극갈선옹(太極葛仙翁)이라 하였음. 도교서인 《포박자(抱朴子)》의 저자 갈홍(葛洪)의 친조부임.

2. 왕필의 《노자지략(老子指略)》

만물이 생성되는 근본 이유와 공이 이루어지는 근거를 얻고 만물이 무형으로부터 생성되고 무명으로부터 비롯되었다는 사실을 확실하게 밝히고자 한다. 무형·무명이라는 것은 모든 사물의 원조를 의미한다. 그것은 온화한 것도 차가운 것도 아니며 궁음도 아니고 상의 소리도 아니다. 들어도 들리지 않고 보아도 나타나지 않는다. 몸으로 체감해도 알 수 없고 맛을 보아도 맛을 느끼지 못한다. 그러므로 이것이 모든 만물의 원조라 할 수 있으며 온 천지를 에워싸고 있어 모든 사물이 이를 경유하지 않는 것이 없다.

만일 어떤 사물이 따뜻한 것이라면 그것을 차가운 것이라고 말할 수 없고 어떤 소리가 궁의 음이라면 그것을 상이라고 말할 수 없다. 사물이 형태를 갖고 있다면 필히 그것의 한계가 정해지고 소리로 나오게 되면 필히 그 소리의 소속이 정해진다. 그러므로 형상과 형체가 있으면 볼 수 없는 형상인 대상(大象)이 아니고 음과 소리가 있으면 들을 수 없는 소리인 대음(大音)이 아니다. 그러한 즉 네 가지 형상(금·옥·수·화)이 형체가 없으면 대상도 무로써 통하여 보이지 않게 되고 오음(궁·상·각·치·우)도 소리가 없으면 무로써 도달하게 되니 들리지 않게 된다. 그러나 네 가지의 형상이 형체를 갖추고 있고 만물이 주재하는 것이 없으면 대상은 잘 나타나게 되고 오음이 소리를 갖고 있고 마음이 맞아 따라가는 것이 없으면 대음도 잘 들리게 된다.

그러므로 대상을 잡으면 천하가 돌아오고 대음을 사용하면 풍속이 바뀌게 된다. 형체가 없는 것으로 나타나면 천하가 돌아와도 명백할 수 없고 들을 수 없는 소리라면 풍속이 바뀌더라도 바뀌는 것이 명백할 수 없다. 그리하여 하늘은 다섯 가지 물질(금. 목. 수. 화. 토)을 만들어 무위로 만물을 생성하는데 사용하였다. 성인은 오교(오륜)를 행하여 말없이 교화를 행하였다. 그러므로 "도는 도인데 절대불변의 상도가 아니고 이름은 이름인데 절대불변의 상명이 아니다."라는 것이다. 다섯 가지 물질의 어머니이고 덥지도 춥지도 않고 유약하지도 강대하지도 않다. 다섯 가지 가르침의 어머니이며 밝지도 어둡지도 않고 은혜를 베풀지도 상해를 입히지도 않는다. 옛날과 지금이 같지 않지만 시대가 바뀌고 풍속이 바뀐다. 이것은 불변의 사실이다. 소위 "예부터 지금에 이르기까지 그 이름이 떠나지 않는다."라는 것이다. 하늘의 도가 이러하지 않으면 만물이 생성되지 못한다. 천하를 다스리는 것이 이러하지 않으면 공이 이루어지지 않는다. 그러므로 예와 지금이 통하고 끝과 시작이 다르지 않은 것이다. 옛 것을 파악하여 현재를 조절할 수 있고 현재를 증거로 삼아 옛날의 시작을 알 수 있다. 이것이 소위 도의 변함없는 상(常)의 기강이다. 밝지도 어둡지도 않은 형상이고 따뜻하지도 차갑지도 않은 상태이다. 그리하여 "상을 아는 것이 명이다."라고 하였다. 만물이 생성되고 공을 이룸에 있어 이것에 의존하지 않는 것이 없다. 그러므로 "도를 앎으로 해서 만물생성의 시작을 경험한다."라는 것이다.

번개가 아무리 빨라도 모든 곳에 일시에 도달할 수 없고 바람을 막는 것도 한 번에 모두 막을 수 없다. 가장 빠른 것은 서두르는데 있는 것이 아니다. 가장 잘 도달하는 것은 가지 않는 것이다. 그러므로 도가 왕성해도 천지를 완전히 통제할 수 없고 형체가 극치를 이루어도 만물을 감쌀 수 없다. 그리하여 도를 한탄하는 자는 이러한 미덕을 다 할 수 없고 도를 노래하는 자는 도의 광대함에 창달할 수 없다.

이름은 도에 부합할 수 없고 칭하여 부르는 것은 도를 다 할 수 없다. 명(名)은 필히 분별이 있고 칭(稱)하는 것에는 필히 이유가 있다. 분별이 있으면 같이 겸할 수 없고 이유가 있으면 끝을 낼 수 없다. 겸할 수 없는 것은 진의가 크게 다르다는 것이고 끝을 낼 수 없다는 것은 이름을 지어서 결말을 지울 수 없다는 것이다. 이러한 도리가 추론하여 말할 수 있는 명백한 것이다.

무릇 도라는 것은 만물이 존재하는 근본적인 이유로부터 얻어지는 것이다. 현(玄)이라는 것은 심오한 것이 창출되는 것에서 얻어지는 것이다. 심(深)이라는 것은 깊은 것에서 얻어지는 것이다. 대(大)라는 것은 끝이 없는 것에서 얻어지는 것이다. 원(遠)은 끊임없이 아득하고 닿을 수 없는 것에서 얻는 것이다. 미(微)는 소리가 약해서 들리지 않거나 작아서 보이지 않는 것에서 얻는 것이다. 그러한 즉 도·현·심·대·원·미라는 말들은 저마다 각각 그 뜻을 갖고 있지만 그것이 갖는 의미의 극치를 다 표현하지는 못한다. 그리하여 낚싯줄 풀듯이 끝이 없으니 세(細)라는 이름 지을 수도 없고 미묘하고 형체도 없어 대(大)라고 이름 지을 수도 없다. 그래서 "자(字)로 말하여 도(道)라고 하였다."라고 하고 "부르기를 현(玄)이라고 하였다."라고 하였으나 이름은 지은 것이 아니다. 그러한 즉 말하는 자는 도의 상(常)을 잃고 이름을 짓는 자는 진실에서 멀어지게 되고 행하는 자는 그 본성을 망치고 집착하는 자는 그 근원을 잃는다. 집착하지 않도록 자신을 통제하면 근원을 잃지 않을 것이다. 그리하여 《노자》의 문장을 따지고 비판적으로 힐문하려는 것은 노자의 본지를 잃게 하고 명분을 따지고 귀책을 찾으려 하는 것은 본의를 그르치게 할 것이다.

그러므로 그의 중심사상은 태고의 시작을 논함으로써 사람들로 하여금 사물의 자연적 본성을 깨우치도록 하는 것이며 심오함의 극치를 탐구하여 의혹을 규명하는 것이다. 자연의 본성을 따르고 억지로 작위를 행하려 하지 않는다. 도를 손상시켜 함부로 베풀지 않고 근본을 숭상함으로써 가지를 자라게 하고 어머니를 지킴으로써 자식이 존재하도록 한다. 교묘한 기술을 천시하고 문제가 생기기 전에 미리 준비하며 다른 사람에게 책임을 묻지 않고 모든 책임을 자신에게서 구한다. 이것이 노자의 가장 중요한 요체이다.

그러나 법가학파 사람들은 질서정연한 것을 숭상하여 형법으로 사회를 규제하고 명가학파 사람들은 진실의 정립을 숭상하여 말로써 명과 실을 바로 잡으려 하고 유가학파는 인애를 숭상하여 영예로써 학문에 정진하며 묵가학파는 검소하고 아끼는 것을 숭상하여 잘못된 것을 바로 잡으려는 것에 그 뜻을 세우려 하고 잡가학파는 대중적인 미덕을 숭상하여 모든 것을 한데 모아서 시행한다. 무릇 형법으로 만물을 규제하려 하면 필히 교묘한 기교와 허위가 생겨나게 되고 명분으로 만물을 정립하려 하면 필시 바른 이치와 너그러운 용서를 잃게 되고 현실을 교정하여 바로 세우려는 것은 필시 어긋나고 위배되는 일이 일어나게 되고 잡다한 방법으로 시행하려는 것은 필시 분란이 있게 될 것이다. 이것은 모두가 그 자식을 사용하고 어미를 버리는 것이다. 만물이 자리 잡을 곳을 잃고 모체인 도를 지키기 못하게 된다. 가는 곳은 같지만 길이 서로 다르다. 추구하는 학문의 목표는 같지만 학문의 추세는 서로 차이가 있다. 그러나 배우는 사람은 학문의 길이 다른 것에 의문을 갖고 추향이 다른 것에서 혼돈될 수 있다. 질서가 정연한 것을 보면 그를 법가로 칭하고 명과 실의 진실을 보이려 하면 그를 명가라 칭하고 인애를 숭상하는 것을 보면 그를 유가라 칭하고 검소하고 아끼는 것을 거울로 삼으면 그를 묵가로 칭하고 계통이 없는 것을 보면 그를 잡가라 칭한다. 근거는 각자가 관찰한 바대로 정하여 명칭을 정하고 각자가 좋고 싫은 대로 자기의 의사에 따라 정한다. 그러므로 말이 분분하고 서로 다른 논쟁이 있게 마련이다. 이러한 것들이 대략 그러한 원인에서 오는 것이다.

그 밖에 《노자》의 문장에서 말하는 것들은 끝을 들어 시작을 증명하고 근본에서 시작하여 종결을 마무리 짓는 일이다. 개발하지만 일일이 전달하려 하지 않고 인도하지만 억지로 끌고 가지 않는다. 근원을 찾은 후 그 뜻을 밝히고 추론한 연후에 그 뜻을 따른다. 사물의 시작을 밝혀서 논술을 개시하고 사물의 이치를 명시하여 문장으로 결론을 내린다. 그러므로 관점과 추향이 같게 된다. 활발하게 언론을 시작하고 다 같이 설명하니 즐겁지 않은 사람이 없고 취지가 다르더라도 독자적은 견해를 보이는 사람들이 생기고 그것이 취지를 검증하는 것이고 증명하는 것이라고 말하지 않는 사람이 없다. 무릇 길은 서로 다르지만 도착하는 곳은 같다. 다양한 생각을 갖고 있지만 필시 서로가 일치하는 의견을 발견할 수 있다. 근본 사상의 일치를 봄으로써 명백한 결론을 내리고 더 높은 도리에 다다르게 된다. 그러므로 감각과 사고를 같이 하는 사람들이 사상을 서로 호응하며 사물의 본의를 얻은 것으로 생각하니 기쁘지 않을 수 없다.

만물의 존재는 외견상으로 보이는 형상과는 상반되는 관계를 갖고 있다. 공을 이루고 보존하는 것은 기대하는 명리와는 서로 상반되는 관계이다. 존재하는 것은 존재하는 것을 존재하는 것으로 생각하지 않는다. 존재하는 것이 망실될 수 있다는 것을 잊지 않고 있기 때문이다. 안전한 것은 안전한 것을 안전한 것으로 생각하지 않는다. 그것은 안전한 것이 위험할 수 있다는 것을 잊지 않고 있기 때문이다. 그러므로 존재하는 것을 보존하려는 자는 망하고 망할 것을 잊지 않는 자는 존재하게 된다. 자신의 지위에 안주하는 자는 위험하고 위험을 잊지 않는 자는 안전하다. 도의 힘은 추호라도 못 드는 것이 없고 도의 청력은 천둥소리를 듣는다. 이러한 도는 눈에 보이는 형체와는 반대가 된다. 안전한 것이 안전한 것이지만 안전한 것이 안전한 것이 아니라고 한다. 존재하는 것이 실제로 존재하는 것이지만 존재하는 것이 존재하는 것이 아니라고 한다. 후왕이 실제로 존귀하지만 존귀하지 않은 것이 되기도 하고 천지가 실제로 크지만 크지 않은 것이 될 수도 있고 성인의 공이 실제로 존재하지만 성인의 지혜와 단절해야 성인의 공이 성립한다고 하고 인과 덕이 실제로 만민에게 현저하게 나타날 수 있는 것이지만 인의를 단절하고 버려야 인이 존재할 수 있다고 말한다. 그러므로 사물의 형체만 보고 도를 이해하지 못하는 사람은 위에서 말하는 도리가 만족스럽지 못할 것이다.

사물의 근본을 확정하려 하면 비록 눈앞의 것이라도 필히 먼 곳으로부터 그 시작을 증명해야 한다. 무릇 사물의 모든 근거를 밝히려 하는 것은 비록 현저히 나타나는 것이라 하더라도 필히 심원한 곳으로부터 그 근본을 서술해야 한다. 그러므로 천지의 외부를 파악함으로써 현상에 내재된 본질을 증명한다. 후왕이 고과의 의미를 알고 도 하나를 따름으로써 그 발단을 밝히는 것이다. 그러한 까닭에 이것은 눈앞의 사물만 살피고 사물의 원류와 근원을 이해하지 않는 것이다. 황망한 이러한 말은 허위로밖에 생각되지 않을 수 없다. 그래서 각자가 여러 가지로 운운하여 각자의 학설로 자세하게 설명하고 모두 자신의 학설이 옳다고 말한다. 혹은 엉뚱한 소리가 나오고 혹은 비꼬기도

하고 분명하지 않기도 하고 혼란한 것 모두가 이러한 이유에서 연유한 것이다.

이름이라는 것은 다른 사람의 것을 정하는 것이고 칭한다는 것은 부르는 사람을 따르는 것이다. 그래서 이름은 다른 사람으로부터 나오고 칭하는 것은 나로부터 나온다. 이러한 이유로 볼 때 만물을 두루 살펴도 만물에는 없고 연유된 것도 없으니 그것을 칭하여 부르기를 도라고 하였다 구하여도 미묘함을 구할 수 없고 나오지도 않으니 칭하여 부르기를 현이라고 하였다. 미묘함은 현에서 나오고 만물은 도에서 시작된 것이다. 그러므로 "생성하고 기른다."라는 말은 막힘이 없고 만물의 본성과 통한다는 도를 말하는 것이다. "생성하고도 소유하지 않고 위하지만 의존하지 않고 기르고도 주재하지 않는다."라는 말은 덕이 있지만 주인은 없다는 말이다. 이것이 현의 덕이다. 현은 심오한 것이라고 말한다. 도는 큰 것이라고 칭한다. 이름(名號)은 형상(形狀)에서 생겨난 것이고 칭하여 부르는 것은 타협하여 구하는 것에서 나온 것이다. 이름은 허에서 생길 수 없고 칭하는 것 또한 허에서 나올 수 없다. 그러므로 이름으로 지으면 그 본의를 잃게 되고 칭하여 부르면 본말이 전도되어 유를 향해 나아가는 말이 그 극치를 다하게 된다. 그래서 《노자》에서 칭하기를 현을 "현묘하고 또 현모하다."라고 하였고 도를 칭하기를 "도의 영역 중 큰 것이 네 가지가 있다."라고 하였다.

《노자》에서 나오는 몇 가지 말을 한 마디로 요약한다면 "아! 근본을 숭상하고 가지를 키우라는 말을 하고 싶을 뿐이다."라는 것이다. 본의를 살피고 중심 사상을 찾아보면 그의 언어는 만물의 큰 뜻에서 벗어남이 없고 그의 행위는 사물의 근원이 되는 주요 사상이 비록 오천 자이지만 시종일관하게 책 전체를 꿰뚫고 있다. 비록 그 뜻을 넓게 바라보지만 만물이 모두 같은 곳으로 귀속된다. 한 마디로 "숭본식말"의 근본도리를 밝혔다. 유심한 것이라도 인식하지 못하는 것이 없다. 매사에 일일이 의미를 밝히고자 한다면 설사 논의를 하더라도 더욱 더 미혹하게 될 것이다.

시험적인 논점에서 말해보자. 사악함이 흥한다면 사악함은 어찌해서 일어나는 것인가? 음탕한 마음이 일어난다면 어찌하여 그러한 마음이 조성되는 것인가? 사악함을 방지하는 것은 성심에 있는 것이지 감시하는 것에 있는 것이 아니다. 음탕한 마음을 멈추도록 하는 것은 음탕한 마음을 버려야 하는 것이지 밝고 화려함을 늘리는 것에 있는 것이 아니다. 도적의 욕망을 단절하는 것은 사람들의 사욕을 버리는 것에 있는 것이지 엄한 형벌에 있는 것이 아니다. 사람들의 소송을 중지시키는 것이 소송을 중시하지 않도록 하는 데 있는 것이지 뛰어난 판결에 있는 것이 아니다. 그러므로 공격하는 일을 하기 보다는 그러한 것에 무심을 행하도록 해야 할 것이다. 기미가 없을 때 계획을 세우고 아직 시작이 되기 전에 행동을 하면 되지 않겠는가. 그러므로 성인의 지혜를 다하여 사회의 기교와 허위를 다스리는 것은 백성들로 하여금 질박하고 소박한 것을 보도록 하여 욕망을 가라앉히고 평정심을 갖게 하느니만 못할 것이다. 여러 가지 교묘한 방법을 동원하여 이익을 추구함으로써 사물의 사용을 흥성하게 하여도 사욕을 줄임으로써 사치경쟁을 멈추게 하느니만 못하다. 그러므로 사찰을 끊고 총명함을 감춰서 백성을 권면하여 나가는 것을 없애고 겉 치레와 허명을 제거하고 기교를 버리고 보물과 재화를 천하게 여기도록 해야 한다. 오직 백성들로 하여금 탐욕을 일으키지 않도록 하는 것에 해결책이 있는 것이지 사악함이 생기는 것을 공략하는 것에 있는 것이 아니다. 그러므로 소박함으로 성인의 지혜와 단절하고 사욕을 줄임으로써 기교와 편리함을 버리고 모두가 근본을 숭상하고 말을 바르게 키워야 한다.

만일 소박한 도가 살아나지 않고 아름다운 명예에 대한 욕구가 없어지지 않는다면 비록 성인의 지혜를 동원하여 사찰하고 지혜와 사례를 다하여 잘못된 것을 공략한다 하더라도 기교는 점점 더 정밀해지고 허위 또한 더욱 변화무쌍해질 것이며 공격이 심할수록 피하는 것도 더욱더 빨라지게 될 것이다. 이러한 까닭으로 지혜를 갖은 자와 어리석은 자가 서로를 속이고 가까운 육친이 서로를 의심하고 질박하고 진솔함이 흩어져 멀어지고 만물이 모두 간사함에 젖게 된다. 근본을 버려둔 채 말을 공략하면 비록 성인의 지혜를 극대화한다 하더라도 화는 더욱 커지게 된다. 어떤 상황이 이보다 더 저급할 수 있겠는가? 이름 없는 소박함으로 이러한 것들을 진정시키면 무위를 행하여 백성들은 저절로 바르게 된다. 성인의 지혜로 백성을 공략하면 백성은 가난해지고 기교는 더욱 늘어난다. 그러므로 소박함을 지키고 성인의 지혜를 버려야 한다. 사찰이 간단하면 사찰을 피하는 방법도 간단하다. 총명함을 다하여 사찰하면 사찰을 도피하는 방법 또한 교묘해진다. 간략하게 하면 소박한 본성에 주는 해가 적어지고 치밀하게 하면 기교와 허위가 심해진다. 사찰을 심오하게 할 수 있는 기술은 성인의 지혜가 아니겠는가? 성인의 지혜를 갖은 자가 해를 끼치는 것을 어찌 알았겠는가? 그러므로 성인의 지혜를 끊으면 백성들이 백배는 더 부자가 된다는 것도 과장된 말이 아니다.

만일 사물의 이름을 변별할 수 없다면 사물의 이치를 담론할 수 없을 것이다. 사물의 이름을 정할 수 없다면 사물의 실상은 논할 수 없을 것이다. 무릇 이름은 사물의 형상으로부터 생기는 것이지 형상이 이름으로부터 생기는 것이 아니다. 고로 그러한 이름은 필히 그러한 형상을 갖고 있어야하고 그러한 형상은 필히 그 분별을 갖게 된다. 인을 부득이 성(聖)이라 부르고 지혜를 부득이 인이라고 부르는 것은 각자가 얻는 점이 있을 것이다. 자세히 살핀다는 것은 미세한 것까지 본다는 것이다. 아는 것(明)의 끝을 뜻한다. 탐사한다는 탐(探)은 숨어 있다는 것을 암시한다. 사려의 끝을 뜻한다. 아는 것의 끝을 다할 수 있으니 성인이 아니면 무엇이겠는가? 사려의 끝을 다할 수 있으니 지혜가 아니면 무엇이겠는가? 실상을 비교하여 이름을 정한다면 성인의 지혜와 단절하는 것을 보게 되니 미혹되는 일이 없을 것이다.

돈독하고 순박한 덕은 나타나지 않고 명예로운 행위의 미덕은 숭상으로 나타난다. 즉 숭상하는 것을 수양하여 명예를 기대하고 도를 수양하여 이익을 기대한다. 명예를 기대하고 이익을 바라는 것으로 수양할 것을 독려하면 명예는 더욱 미화되고 성심은 더욱 멀어지며 이익은 구하는 마음은 더욱 커지고 경쟁심은 더욱 강해질 것이다. 부모형제간에도 명리의 정을 품고 정직함을 잃게 되어 효는 성심을 기대할 수 없고 부모의 자애는 진실로 받아들이기 어렵게 된다. 이러한 정황은 모두가 명예를 구하는 행위가 불러온 것이다. 세속의 천박함을 우려하지만 명예를 구하는 마음이 행동으로 나타나고 인의를 숭상하니 사기와 허위가 늘어나게 된다. 어떤 상황이 이보다 천박하겠는가? 그러므로 "인을 끊고 의를 버림으로써 효와 자애가 다시 돌아오게 한다."라고 하였다. 과장된 말이 아니다.

성이 높으면 높은 성을 공략하는 무기가 생기고 이익이 높아지면 이익을 구하는 마음으로 경쟁이 심해진다. 욕심이 없으면 "상을 주고 하라고 해도 도둑질을 하지 않는다."라고 하였다. 사욕이 횡행하면 이익을 구하는 교묘한 마음으로 갈수록 혼미해진다. 그러므로 "교묘한 마음을 단절하고 이익을 포기하라."라고 하였으며 욕심을 줄이는 것으로 대신하면 "도적이 없어진다."라고 하였다. 미덕이라고 보기에는 부족할 수 있다. 성인의 지혜는 재능이 뛰어나다는 뜻이고 인의는 행위가 대범하다는 뜻이다. 이익을 추구하는 기술은 실용적인 일 중의 최선이다. 근본이 존재하지 않는다면 이 세 가지 미덕이 흥성하고 그것으로부터 오는 폐해는 말한 바와 같은 것이다. 이러한 것이 순수하고 소박한 도를 사라지게 한다. 그러므로 옛 사람이 한탄하며 말하기를 "어렵다. 이러한 도리를 깨닫게 하기가 아주 어렵다."라고 하였다.

성인의 덕이 아닌 것을 아는 것으로는 성인이 되지 못하고 성인의 덕을 몰라도 성인이 되지 못한다. 인의 덕이 아닌 것을 아는 것으로는 인이 되지 못하고 인의 덕을 몰라도 인이라고 할 수 없다. 그러므로 성인의 지혜를 단절한 연후에 비로소 성인의 공이 완전할 수 있고 인을 버리고 난 후에야 비로소 인의 덕이 후해질 수 있다. 강한 것을 싫어한다고 해서 강해지지 않으려는 것이 아니다. 강해지려고 하면 강한 것을 잃는다. 인을 단절한다고 해서 인이 되지 않으려는 것이 아니다. 인을 베풀고자 하면 허위가 성립된다. 태평성대에 분쟁이 일어나고 보수안일이 위기를 부르는 것이다. "뒤에 처신하니 앞에 서게 된다."라는 말은 자신을 앞세운다고 해서 자신이 앞에 설 수 있는 것이 아니라는 것이다. "자신을 밖에 있도록 처신하니 자신의 존재가 돋보이게 되었다."라는 말은 자신의 존재를 알리려 한다고 해서 자신의 존재가 생각대로 부각되는 것이 아니라는 것이다. 공은 임의대로 얻어지는 것이 아니다. 미덕은 함부로 사용하는 것이 아니다. 그러므로 공을 얻는 것에는 필시 그 공의 어머니인 근거가 있다. 《노자》가 말하기를 "그 아들인 만물을 알고 나니 '필히' 그 어머니인 도를 다시 지키게 된다."라고 하였다. 이 도리를 찾는다면 이 세상에 무엇을 통하지 못하겠는가?

王弼《老子指略》

夫物之所以生, 功之所以成, 必生乎無形, 由乎無名。無形無名者, 萬物之宗也。不溫不涼, 不宮不商。聽之不可得而聞, 視之不可得而彰。體之不可得而知, 味之不可得而嘗。故其為物也則混成, 為象也則無形, 為音也則希聲, 為味也則無呈。故能為品物之宗主, 苞通天地, 靡使不經也。

若溫也則不能涼矣, 宮也則不能商矣。形必有所分, 聲必有所屬。故象而形者, 非大象也。音而聲者, 非大音也。然則四象不形, 則大象無以暢。五音不聲, 則大音無以至。四象形而物無所主為, 則大象暢矣。五音聲而心無所適焉, 則大音至矣。

故執大象則天下往, 用大音則風俗移也。無形暢, 天下雖往, 往而不能釋也。希聲至, 風俗雖移, 移而不能辯也。是故天生五物, 無物為用。聖行五教, 不言為化。是以 "道可道, 非常道。名可名, 非常名"也。五物之母, 不炎不寒, 不柔不剛。五教之母, 不皦不昧, 不恩不傷。雖古今不同, 時移俗易, 此不變也, 所謂 "自古及今, 其名不去"者也。天不以此, 則物不生。治不以此, 則功不成。故古今通, 終始同, 執古可以禦今, 證今可以知古始, 此所謂 "常"者也。無皦昧之狀, 溫涼之象, 故 "知常曰明"也。物生功成, 莫不由乎此, 故 "以閱衆甫"也。

夫奔電之疾猶不足以一時周, 禦風之行猶不足以一息期。善速在不疾, 善至在不行。故可道之盛, 未足以官天地。有形之極, 未足以府萬物。是故歎之者不能盡乎斯美, 詠之者不能暢乎斯弘。名之不能當, 稱之不能既。名必有所分, 稱必有所由。有分則有不兼, 有由則有不盡。不兼則大殊其真, 不盡則不可以名, 此可演而明也。

夫 “道”也者, 取乎萬物之所由也。“玄”也者, 取乎幽冥之所出也。“深”也者, 取乎探賾而不可究也。“大”也者, 取乎彌綸而不可極也。“遠”也者, 取乎綿邈而不可及也。“微”也者, 取乎幽微而不可睹也。然則 “道”、“玄”、“深”、“大”、“微”、“遠”之言, 各有其義, 未盡其極者也。然彌綸無極, 不可名細。微妙無形, 不可名大。是以篇云, “字之曰道”, “謂之曰玄”, 而不名也。然則言之者失其常, 名之者離其真, 為之者則敗其性, 執之者則失其原矣。是以聖人不以言為主, 則不違其常。不以名為常, 則不離其真。不以為為事, 則不敗其性。不以執為制, 則不失其原矣。然則《老子》之文, 欲辯而詰者, 則失其旨也。欲名而責者, 則違其義也。

故其大歸也, 論太始之原以明自然之性, 演幽冥之極以定惑罔之迷。因而不為, 損而不施, 崇本以息末, 守母以存子。賤夫巧術, 為在未有, 無責於人, 必求諸已。此其大要也。

而法者尚乎齊同, 而刑以檢之。名者尚乎定真, 而言以正之。儒者尚乎全愛, 而譽以進之。墨者尚乎儉嗇, 而矯以立之。雜者尚乎眾美, 而總以行之。夫刑以檢物, 巧偽必生。名以定物, 理恕必失。譽以進物, 爭尚必起。矯以立物, 乖違必作。雜以行物, 穢亂必興。斯皆用其子而棄其母。物失所載, 未足守也。

然致同途異, 至合趣乖, 而學者惑其所致, 迷其所趣。觀其齊同, 則謂之法。睹其定真, 則謂之名。察其純愛, 則謂之儒。鑒其儉嗇, 則謂之墨。見其不係, 則謂之雜。隨其所鑒而正名焉, 順其所好而執意焉。

故使有紛紜憒錯之論, 殊趣辨析之爭, 蓋由斯矣。

又其為文也, 舉終以證始, 本始以盡終。開而弗達, 導而弗牽。尋而後既其義, 推而後盡其理。善發事始以首其論, 明夫會歸以終其文。故使同趣而感發者, 莫不美其興言之始, 因而演焉。異旨而獨構者, 莫不說其會歸之征, 以為證焉。

夫途雖殊, 必同其歸。慮雖百, 必均其致。而舉夫歸致以明至理, 故使觸類而思者, 莫不欣其思之所應, 以為得其義焉。

凡物之所以存, 乃反其形。功之所以克, 乃反其名。夫存者不以存為存, 以其不忘亡也。安者不以安為安, 以其不忘危也。故保其存者亡, 不忘亡者存, 安其位者危, 不忘危者安。善力舉秋毫, 善聽聞雷霆, 此道之與形反也。安者實安, 而曰非安之所安。存者實存, 而曰非存之所存。侯王實尊, 而曰非尊之所為。天地實大, 而曰非大之所能。聖功實存, 而曰絕聖之所立。仁德實著, 而曰棄仁之所存。故使見形而不及道者, 莫不忿其言焉。

夫欲定物之本者, 則雖近而必自遠以證其始。夫欲明物之所由者, 則雖顯而必自幽以敘其本。故取天地之外, 以明形骸之內。明侯王孤寡之義, 而從道一以宣其始。故使察近而不及流統之原者, 莫不誕其言以為虛焉。是以云云者各申其說, 人美其亂。或迂其言, 或譏其論, 若曉而昧, 若分而亂, 斯之由矣。

名也者, 定彼者也。稱也者, 從謂者也。名生乎彼, 稱出乎我。故涉之乎無物而不由, 則稱之曰道。求之乎無妙而不出, 則謂之曰玄。妙出乎玄, 眾由乎道。故"生之畜之", 不壅不塞, 通物之性, 道之謂也。"生而不有, 為而不恃, 長而不宰", 有德而無主, 玄之德也。"玄", 謂之深者也。"道", 稱之大者也。名號生乎形狀, 稱謂出乎涉求。名號不虛生, 稱謂不虛出。故名號則大失其旨, 稱謂則未盡其極。是以謂玄則“玄之又玄”, 稱道則“域中有四大”也。

《老子》之書, 其幾乎可一言而蔽之。噫, 崇本息末而已矣。觀其所由, 尋其所歸, 言不遠宗, 事不失主。文雖五千, 貫之者一。義雖廣瞻, 眾則同類。解其一言而蔽之, 則無幽而不識。每事各為意, 則雖辯而愈惑。

嘗試論之, 曰, 夫邪之興也, 豈邪者之所為乎? 淫之所起也, 豈淫者之所造乎? 故閑邪在乎存誠, 不在善察。息淫在乎去華, 不在滋章。絕盜在乎去欲, 不在嚴刑。止訟存乎不尚, 不在善聽。故不攻其為也, 使其無心於為也。不害其欲也, 使其無心於欲也,謀之於未兆, 為之於未始, 如斯而已矣。故竭聖智以治巧偽, 未若見質素以靜民欲。興仁義以敦薄俗, 未若抱朴以全篤實。多巧利以興事用, 未若寡私欲以息華競。故絕司察, 潛聰明, 去勸進, 翦華譽, 棄巧用, 賤寶貨。唯在使民愛欲不生, 不在攻其為邪也。故見素樸以絕聖智, 寡私欲以棄巧利, 皆崇本以息末之謂也。

夫素樸之道不著, 而好欲之美不隱, 雖極聖明以察之, 竭智慮以攻之, 巧愈思精, 偽愈多變, 攻之彌甚, 避之彌勤。則乃智愚相欺, 六親相疑, 樸散真離, 事有其奸。蓋舍本而攻末, 雖極聖智, 愈致斯災, 況術之下此者乎。夫鎮之以素樸, 則無為而自正。攻之以聖智, 則民窮而巧殷。故素樸可抱, 而聖智可棄。夫察司之簡, 則避之亦簡。竭其聰明, 則逃之亦察。簡則害樸寡, 密則巧偽深矣。夫能為至察探幽之術者, 匪唯聖智哉? 其為害也, 豈可記乎。故百倍之利未渠多也。

夫不能辯名, 則不可與言理。不能定名, 則不可與論實也。凡名生於形, 未有形生於名者也。故有此名必有此形, 有此形必有其分。仁不得謂之聖, 智不得謂之仁, 則各有其實矣。夫察見至微者, 明之極也。探射隱伏者, 慮之極也。能盡極明, 匪唯聖乎? 能盡極慮, 匪唯智乎? 校實定名, 以觀絕聖, 可無惑矣。

夫敦樸之德不著, 而名行之美顯尚, 則修其所尚而望其譽, 修其所道而冀其利。望譽冀利以勸其行, 名彌美而誠愈外, 利彌重而心愈競。父子兄弟, 懷情失直, 孝不任誠, 慈不任實, 蓋顯名行之所招也。患俗薄而名興行, 崇仁義, 愈致斯偽, 況術之賤此者乎? 故 "絕仁棄義, 以復孝慈", 未渠弘也。

夫城高則沖生, 利興則求深。苟存無欲, 則 "雖賞而不竊"。私欲苟行, 則巧利愈昏。故 "絕巧棄利", 代以寡欲, "盜賊無有", 未足美也。夫聖智, 才之傑也。仁義, 行之大者也。巧利, 用之善也。本苟不存, 而興此三美, 害猶如之, 況術之有利, 斯以忽素樸乎? 故古人有歎曰, "甚矣, 何物之難悟也!"

既知不聖為不聖, 未知聖之不聖也。既知不仁為不仁, 未知仁之為不仁也。故絕聖而後聖功全, 棄仁而後仁德厚。夫惡強非欲不強也, 為強則失強也。絕仁非欲不仁也, 為仁則偽成也。有其治而乃亂, 保其安而乃危。"後其身而身先", 身先非先身之所能也 ; "外其身而身存", 身存非存身之所為也。功不可取, 美不可用, 故必取其為功之母而已矣。篇云 "既知其子", 而必 "復守其母", 尋斯理也, 何往而不暢哉!

왕필(王弼. 226~249) :

삼국시대 위나라(魏國)의 현(玄)학자. 자(字)는 보사(輔嗣). 위나라 산양(山陽) 출생(현재의 하남성). 소년시절부터 재능이 뛰어나고 말을 잘한 것으로 알려짐. "귀한 것은 없으나 천한 것은 있다."라고 하였음. 무를 강조함. 노자와 공자를 모두 받아들이는 입장을 취하며 봉건윤리를 변호하였음. 23세의 나이로 요절하였음. 저서로 《주역주(周易注)》, 《주역약례(周易略例)》, 《노자주(老子注)》, 《노자지략(老子指略)》이 있음.

■ 참고문헌

(明) 顧春編『六子全書之老子』吉林出版社, 2010

(魏) 王弼『老子注』諸子集成本, 上海書店, 1986

(明) 焦竑著『老子翼』上海華東師範大學出版社, 2009

(漢) 河上公注, 嚴遵指歸 (三國) 王弼注『老子』, 上海 世紀出版社, 2013

傅佩榮著『老子新解』南京譯出版社, 2012

陳鼓應, 白奚著『老子評傳』南京大學出版社, 2011

馮友蘭『中國哲學史新編』人民出版社, 1998

이종선

연세대 정법대학 정치외교학과 졸업
연세대학교 대학원 정치외교학과 수료
중국 현지 중도 유한공사 설립, 경영
러시아 현지 주식회사 로스코 설립, 경영

노자(道德經)

초판 1쇄 발행 _ 2016년 2월 25일

주 해 · 이 종 선
발행인 · 정 현 걸
발 행 · 신 아 사
인 쇄 · 예지인쇄
주 소 · 서울특별시 은평구 통일로 59길 4 (2층)
전 화 · (02) 382-6411 팩스 · (02) 382-6401
홈페이지 · www.shinasa.co.kr
E-mail · shinasa@daum.net
출판등록 · 1956년 1월 5일(제9-52호)

ISBN: 978-89-8396-926-2(03820)

정가 *12,000* 원